JULIA FRIEDRICHS
EVA MÜLLER
BORIS BAUMHOLT

DEUTSCHLAND DRITTER KLASSE

LEBEN IN DER UNTERSCHICHT

WILHELM HEYNE VERLAG
MÜNCHEN

In zahlreichen Fällen wurden Namen und
charakteristische Merkmale von Personen und Unternehmen
zum Schutz der Persönlichkeitsrechte verändert.

FSC
Mix
Produktgruppe aus vorbildlich
bewirtschafteten Wäldern und
anderen kontrollierten Herkünften
Zert.-Nr. SGS-COC-001940
www.fsc.org
© 1996 Forest Stewardship Council

Verlagsgruppe Random House FSC-DEU-0100
Das für dieses Buch verwendete FSC-zertifizierte Papier
Holmen Book Cream liefert Holmen Paper, Hallstavik, Schweden.

Taschenbucherstausgabe 10/2010

Copyright © 2009 by Hoffmann und Campe Verlag, Hamburg
Der Wilhelm Heyne Verlag, München,
ist ein Verlag der Verlagsgruppe Random House GmbH
Printed in Germany 2010
Umschlaggestaltung und -motiv: Hauptmann & Kompanie
Werbeagentur, Zürich
Druck und Bindung: GGP Media GmbH, Pößneck
Printed in Germany 2010

ISBN 978-3-453-60159-8
www.heyne.de

INHALT

VORWORT

Im Winter liest man gelegentlich Meldungen über Menschen, die »Opfer der Kälte« geworden sind. Eigentlich ist nicht die Kälte die Todesursache. Diese Menschen sterben an ihrer Armut, sie sterben an der Obdachlosigkeit – im Hauseingang, auf der Parkbank, am äußersten Rand der Gesellschaft also. Es sind nur sehr wenige, die dort sterben. Viele aber müssen am Rand dieser Gesellschaft leben, sie müssen dort irgendwie auskommen, mehr schlecht als recht. Von ihnen erzählt dieses Buch. Es sind Millionen. Diese Millionen Menschen verhungern nicht, sie sitzen auch nicht bettelnd in den Fußgängerzonen; sie sind aber trotzdem arm dran, weil sie ausgeschlossen sind aus einer Gesellschaft, die sich nur den Bessergestellten entfaltet. Wie kann man diese Armut messen? In den Großstädten vielleicht an der Länge der Schlange vor den Brotgeschäften, in denen es das billige Brot vom Vortag zu kaufen gibt.

Deutschland ist ein reiches Land – und trotzdem gibt es viel Armut in Deutschland. Sicherlich: Es stimmt, dass die deutschen Armen Krösusse wären in Kalkutta, Lagos, Khartum und Dhaka. Aber sie leben nicht dort, sondern sie leben hier. Sie sind *relativ* arm. Armut ist hierzulande selten eine Kalorienfrage. Daraus ergibt sich aber das Bittere für die Bedürftigen hierzulande. Sie haben die Anerkennung ihrer Bedürftigkeit verloren. Deshalb konnte das soziale Netz als »Hängematte« diskreditiert werden. Deshalb konnte so getan werden, als wären Langzeitarbeitslose an ihrer Situation überwiegend selbst schuld. Deshalb müssen die Menschen, die Hartz IV erhalten, mit 351 Euro im Monat auskommen; und die Abgeordneten der großen Parteien passen lieber ihre Diäten an, als den Grundbedarf der Langzeitarbeitslosen an die steigenden Preise anzupassen. Die relativ Armen werden oft für relativ faul gehalten: Deshalb konnte ein Politiker am Rande einer Spendengala für Katastrophenopfer sagen, er könne angesichts des Elends anderswo das Gejammer der angeblich Armen in Deutschland nicht mehr hören.

Die Schere zwischen Arm und Reich geht immer weiter auseinander; dieser Satz gehört mittlerweile zum Repertoire der Fernsehtalkrunden. Er klingt abgegriffen, aber es handelt sich um ein problematisches Faktum: Daraus erwachsen Gefahren für den inneren Zusammenhalt der Gesellschaft. Arm zu sein unter Armen, das könnte man ertragen. So stand es in einem Brief an den Münchner Oberbürgermeister. Aber arm zu sein unter protzigem Reichtum, das sei unerträglich. Der vormalige Generalbundesanwalt Kay Nehm hat kurz vor Ende seiner Amtszeit vor einem »Auseinanderdriften der Gesellschaft« gewarnt, das den inneren Frieden gefährden könnte.

Die Einkommen rutschen nach unten ab. Während im Jahr 2005 noch diejenigen als arm galten, die weniger als 938 Euro netto im Monat zur Verfügung hatten, beginnt die Armut heute erst unter 880 Euro. Das liegt daran, dass das Durchschnittseinkommen gesunken ist, welches der Berechnung von Armut europaweit als Richtmaß zugrunde gelegt wird. Dieser Einkommensverfall ist zum Teil hausgemacht – von einer Politik, die ihr Heil in Niedriglöhnen und der Senkung von Sozialleistungen gesucht hat.

Das Übel, dass viele Leute ein schlechtes Leben führen, besteht nicht darin, dass andere Leute ein reiches Leben führen. Das Übel liegt vor allem darin, dass schlechte Leben schlecht sind. Das Gute ist, dass (auch mittels derer, die ein reiches Leben führen) denjenigen geholfen werden kann, deren Leben schlecht ist. Dazu finden sich im Grundgesetz und in den Landesverfassungen Richtsätze: »Eigentum verpflichtet« steht im Grundgesetz, und »sein Gebrauch (soll) zugleich dem Wohle der Allgemeinheit dienen«. Es ist schön, dass man das wieder zitieren darf, ohne für einen Kommunisten gehalten zu werden. Die hessische Verfassung formuliert einen guten Besteuerungsgrundsatz: »Vermögen und Einkommen werden progressiv nach sozialen Gesichtspunkten und unter Berücksichtigung der familiären Lasten besteuert.« Und in der Bayerischen Verfassung heißt es, dass »arbeitsloses Einkommen … mit Sondersteuern belegt« wird und dass die Erbschaftssteuer »auch dem Zweck dient, die Ansammlung von Riesenvermögen in den Händen Einzelner zu verhindern«.

Die Berichte über Armut und Reichtum in Deutschland sind auch Berichte zur Lage der Demokratie in Deutschland – weil eine Demokratie, in der immer mehr Menschen am gesellschaftlichen Rand leben, nicht gut funktionieren kann. Ungleichheit darf ein gewisses Maß nicht überschreiten. Recht auf soziale Gerechtigkeit bedeutet, dieses Maß festzustellen, diese Linie zu ziehen und dem Staat aufzugeben, Maßnahmen zu treffen, dass sie nicht überschritten wird. Es spricht gar nichts dagegen, dem Staat diese Pflichten kräftig zu verdeutlichen – so wie dies im Rahmen der Verfassungsreform nach der deutschen Einheit vergeblich versucht worden ist.

Wer sich mit den Verfassungsreformern damals, 1990 bis 1993, einen billigen Spaß erlauben wollte, der spießte gern ihre Forderung nach »sozialen Grundrechten« auf. Ein Recht auf Arbeit schaffe doch, so hieß es dann witzelnd, keinen einzigen Arbeitsplatz. Und ein Recht auf Wohnung ändere nichts an der Wohnungsmisere. Das war richtig und lag trotzdem plump neben der Sache. Es geht und es ging bei der Forderung nach sozialen Grundrechten nicht darum, einklagbare Ansprüche auf eine Dreizimmerwohnung mit Balkon hervorzubringen, sondern die im Grundgesetz schon vorhandenen Staatszielbestimmungen

9

zu verdeutlichen. Wozu verpflichtet Eigentum? Und was folgt aus dem Sozialstaatsprinzip? Es ist ja nicht so viel, was dort im Grundgesetz steht. Das Rechtsstaatsprinzip konnte, auch deshalb, weil es im Grundgesetz kräftig konturiert ist, gewaltige Kraft entfalten. Der Rechtsstaat hat einigermaßen Halt. Der Sozialstaat hat ihn nicht mehr. Es ist ein Gebot der sozialen Gerechtigkeit, ihm diesen Halt wiederzugeben. Das wäre ein gutes Geschenk an das Grundgesetz zum sechzigsten Jubiläum.

Der deutsche Sozialstaat hat eine Erfolgsgeschichte hinter sich: Er hat zunächst dafür gesorgt, dass Kriegsinvalide und Flüchtlinge einigermaßen leben konnten. Dann hat er dafür gesorgt, dass auch ein Kind aus kärglichen Verhältnissen studieren und gar Bundeskanzler werden konnte. Der Sozialstaat war eine Art persönlicher Schutzengel für jeden Einzelnen. Ihn verächtlich zu machen ist nicht Ausdruck von cooler Selbstverantwortung, sondern von Überheblichkeit und Dummheit. Ohne den Sozialstaat hätte es nicht nur einmal gekracht in dieser Republik. Der Sozialstaat hat soziale Gegensätze entschärft. Ohne diesen Sozialstaat hätte es wohl keine deutsche Einheit gegeben. Ohne die Einheit, die von den Sozialversicherungssystemen finanziert worden ist, wäre der Sozialstaat aber auch nicht so in Schwierigkeiten gekommen.

Es geht dem Sozialstaat des Grundgesetzes nicht um gleiche Geldbeutel, gleiche Bankkonten, gleich große Wohnungen und gleich große Autos – es geht ihm um die Förderung der Kräfte und Talente, die in jedem stecken; und es geht diesem Sozialstaat um so viel – auch finanzielle – Hilfe für jeden Einzelnen, dass der nicht gebückt durchs Leben gehen muss. Demokratie braucht den aufrechten Bürger. Deshalb braucht die Demokratie den Sozialstaat. Ein Sozialstaat ist ein Staat, der gesellschaftliche Risiken, für die der Einzelne nicht verantwortlich ist, nicht bei diesem ablädt. Er verteilt, weil es nicht immer Manna regnet, auch

Belastungen. Aber dabei gilt, dass der, der schon belastet ist, nicht auch noch das Gros der Belastungen tragen kann. Ein Sozialstaat gibt nicht dem, der schon hat; und er nimmt nicht dem, der ohnehin wenig hat. Er schafft es, dass sich die Menschen trotz Unterschieden in Rang, Talenten und Geldbeutel auf gleicher Augenhöhe begegnen können.

Der Sozialstaat ist der große Ermöglicher. Er ist der Handausstrecker für die, die eine helfende Hand brauchen.

Im Februar 2009, Heribert Prantl

DEUTSCHLAND DRITTER KLASSE

Janina liegt festgeschnallt in einem Kindersitz, der für die Rückbank eines Autos konstruiert wurde, und schreit. Sie mag keine Hackfleischsoße mit Paprika. Sie ist erst elf Monate alt. Eigentlich könnte sie also schon längst im Sitzen essen. Aber einen Kinderstuhl haben ihre Eltern nicht. Jessica und René Weber besitzen ein Sofa, einen Couchtisch, einen Fernseher und eine Schrankwand, die sie auf Kredit gekauft haben. Im Schlafzimmer steht ein Bettchen für Janina, auf dem Boden liegt die Matratze ihrer Eltern. Außerdem gibt es in der Wohnung eben noch den Autositz für Janina, der meist auf dem Sofa steht. Denn ein Auto haben die Webers nicht.

»Ich kann das nicht beim Essen, dass die mir ins Ohr knatscht«, schimpft René, Janinas Vater. Er und Jessica sitzen neben ihrer Tochter auf dem Sofa. Ihre Teller halten sie auf den Knien. So essen sie immer. »Ich muss sie jetzt ruhig haben«, sagt René. »Willst du ihr den Mund zuhalten, oder was?«, fragt Jessica. »Was schreist du denn so, he?«, sagt René zu seiner Tochter. Jessica beruhigt Janina. Die Kleine muss die scharfe Hackfleischsoße doch nicht essen. Und René hat erst mal seine Ruhe.

Es ist Montagnachmittag. Jessica und René Weber sitzen schon den ganzen Tag in ihrer kleinen Wohnung. Drei Mal sind sie in der letzten halben Stunde aneinandergeraten. »Wenn man so zusammenhängt, gibt es den ganzen Tag Streit«, sagt Jessica. »Ihm passt es nicht, was ich mache, und mir passt nicht, was er macht.«

Jessica raucht. René auch. Janina rollt eine leere Sprudelflasche über den Boden. Dann zieht sie sich am Tisch hoch, fällt hin, rollt wieder die Flasche. Und macht dann doch das, was gerade alle machen: Sie starrt auf den Fernsehapparat. Es läuft eine Talkshow. »Der ist den ganzen Tag an«, sagt Jessica. »Auch wenn ich nicht hingucke, läuft er. Was soll ich denn sonst anderes machen?«

Jessica und René Weber sind ohne Arbeit. Sie suchen auch gerade keine. René kann sich kaum noch an seinen letzten Job erinnern. »Lang, lang ist das her«, sagt er. Und etwas anderes als Aushilfsjobs habe er noch nie gehabt. »Ohne Lehre, ohne Schulabschluss. Da kriege ich nichts«, meint er. Außerdem muss er eh in ein paar Tagen zum Friedhof. Ein Gericht hat ihn zu 372 Sozialstunden verurteilt. Er hatte mal wieder zugeschlagen. Diesmal in der Disko.

Seit einer Woche treffen wir die Webers regelmäßig. Wir waren schon mit ihnen einkaufen und gemeinsam bei der Bank, und wir schauen mit ihnen fern. Vor allem aber lernen wir von ihnen, wie langsam die Zeit vergehen kann.

Jessica, Janinas Mutter, ist gerade zweiundzwanzig geworden. Wir hätten ihr gut zehn oder fünfzehn Jahre mehr abgenommen. An schlechten Tagen zieht sich ihre Neurodermitis fast über das ganze Gesicht.

Jessica wurde in Bayern geboren und wuchs auch dort auf. Bei ihrer Mutter, ohne Vater, stattdessen waren da manche Männer, die nicht immer gut zu ihnen waren. Sie kommt ins Heim, fängt eine Ausbildung zur Altenpflegerin an, bricht sie aber ab. Sie lernt neue Freunde kennen, dann eine Schlägerei, heftiger als die zuvor. Sie muss ins Gefängnis. »Es war eine Dummheit«, sagt Jessica. »Würde ich auch nicht mehr machen. Es geht schließlich auch ohne Straftaten. Sogar besser als mit.«

Als sie nach einem guten Jahr wieder rausdarf, ist sie erwachsen. Sie verliebt sich in einen Mann, der neben ihrem schweren Körper noch viel kleiner und dünner wirkt, als er tatsächlich ist. René ist sechsundzwanzig. Er hat den Kopf rasiert. Sein Gesicht ist bleich, fast weiß, nur unter den Augen liegen Schatten. Auch ihm sieht man die letzten Jahre an. Die Zeit beim Vater, der den Jungen allein erzog, die Monate im Gefängnis und die, in denen er Tabletten und Pulver brauchte, um sich zu betäuben.

Vor zehn Monaten, kurz nach Janinas Geburt, haben sie geheiratet. Das gemeinsame Leben soll besser werden als das, was beiden bisher gelang. Vor allem wegen Janina. In zwanzig Jahren soll sie Besseres zu erzählen haben als das, was ihre Eltern heute berichten. Janina soll mal glücklich werden. Jessica wünscht sich, dass ihre Tochter die Schule schafft, eine gute Ausbildung macht, dass sie Arbeit findet. Aber was ist, wenn selbst das für ein gutes Leben nicht reicht?

450 Kilometer entfernt, in Leipzig, stehen Hannelore und Reinhard Zetzsche vor dem Supermarktregal. Reinhard Zetzsche ist müde. Er hat in der Nacht gearbeitet. Am nächsten Morgen, wenn er dann schlafen soll, gelingt ihm das oft nicht so gut. Nach sechs Stunden ist er wieder aufgestanden. Weder ausgeschlafen noch ausgeruht.

Reinhard Zetzsche ist Wachmann. Nachts kontrolliert er die Straßen seiner Heimatstadt Leipzig. Pro Stunde verdient er 4 Euro 85 brutto. Das ist der Tariflohn im sächsischen Wach- und Sicherheitsgewerbe. Legal, für jeden nachzulesen, von Gewerkschaften abgenickt. Zum Leben reicht der Lohn aber nicht. Reinhard Zetzsche hätte Anspruch auf zusätzliches Geld vom Amt. Aber er scheut sich, das zu beantragen. Schließlich hat er ja Arbeit, sagt er. Schließlich ist er ja nachts auf den Straßen der Stadt unterwegs, um von dem Lohn seine Frau und sich ernähren zu können.

Hannelore und Reinhard Zetzsche überlegen lange, bevor sie etwas aus dem Regal nehmen. Kartoffeln und Eier liegen schon in ihrem Wagen. »Morgen mache ich die mit Petersilie«, sagt Hannelore Zetzsche. »Heute gibt es Bolognese und Makkaroni.«

Obwohl Reinhard Zetzsche arbeitet, essen die beiden streng nach Finanzplan. Sie können zusammen 150 Euro im Monat für Lebensmittel ausgeben. Das sind für jeden rund 2 Euro 50 am Tag. Wenn sie nur 100 oder 150 Euro mehr im Monat hätten, wäre das schon eine gewaltige Verbesserung, meint Reinhard Zetzsche. Dann könnten sie im Supermarkt auch mal zugreifen, ohne immer zu rechnen. »Dann sagst du, ach komm, heute habe ich mal Appetit auf den Schinken, oder, jetzt holen wir uns mal ein schönes Stück Fisch oder Käse.«

4 Euro 85 brutto in der Stunde. Da bleiben knapp 800 Euro netto im Monat. Das ist die Zahl, nach der sich ihr Leben im Moment richtet. Trotz Arbeit haben die Zetzsches nicht mehr Geld als Jessica und René Weber. Und dabei hat Reinhard Zetzsche all das vorzuweisen, was den beiden fehlt: Er hat einen Schulabschluss, eine Ausbildung und Berufserfahrung. Aber seit der Wende gibt es seinen alten Arbeitgeber nicht mehr. Mit der DDR wurde auch die Nationale Volksarmee abgewickelt. Die graue Staatsuniform hat Zetzsche gegen die blaue der Potsdamer Wachfirma *PSI Security* eingetauscht. Das Leben im vereinten Deutschland habe ihm und seiner Frau finanziell nur Nachteile gebracht, sagt Reinhard Zetzsche.

Ihre Einkäufe erledigen die Zetzsches wie viele in Leipzig, die wenig Geld haben, im *Konsum*. Die Supermarktkette gab es schon zu DDR-Zeiten. Damals gingen die Zetzsches dort einkaufen, weil es wenig anderes gab. Jetzt, neunzehn Jahre nach der Wende, ist die Vielfalt gewaltig. Sie könnten zu *REWE*, zu *Natürlich und lecker*, dem Biomarkt in der Innenstadt, oder zu *Mangiare*, dem italienischen Lebensmittelladen. Aber auch heute stehen sie wieder im *Konsum*. Bei *REWE*, im Biomarkt oder beim Italiener kämen sie mit ihren 150 Euro niemals durch den Monat. Und auch so wird es oft eng.

»Also, wenn es größere Sachen sind, die da außer der Reihe

kommen, wenn mal was kaputtgeht, dann kommen wir ins Schleudern«, sagt Reinhard Zetzsche. Dann tun sie etwas, für das sie sich lange überwinden müssen und das ihnen noch immer peinlich ist: Sie bitten ihre Tochter Michaela um Geld.

Hannelore und Reinhard Zetzsche haben vier Kinder. Drei leben noch in Leipzig. Michaela sogar im gleichen Haus. Sie ist Filialleiterin in einer Drogeriekette und verdient fast doppelt so viel wie ihr Vater. Michaelas Mann ist arbeitslos. Deshalb ist es auch bei ihnen oft eng mit dem Geld. Trotzdem, wenn es bei den Eltern am Ende des Monats nicht reicht, hilft sie aus. Reinhard Zetzsche ist achtundfünfzig Jahre alt. Er hat immer gearbeitet und hat dennoch nicht genug zum Leben.

Hannelore und Reinhard Zetzsche, Jessica, René und Janina Weber – das sind zwei der Familien, die wir in den letzten vier Jahren immer wieder getroffen haben, um zu sehen, wie es ist, in Deutschland mit wenig Geld und ohne viele Chancen zu leben. Die einen sind jung, ohne Ausbildung und arbeitslos, die anderen haben immer gearbeitet und mussten erleben, wie es ist, wenn der Verdienst auf einmal nicht mehr reicht.

Vier Jahre lang sind wir durch Deutschland gereist und haben sie und viele andere besucht. Unsere Reise begann im Januar 2005. Es waren die ersten Tage des Gesetzes für moderne Dienstleistungen am Arbeitsmarkt, besser bekannt als Hartz IV. Die Hartz-Gesetze sollten der große Wurf werden. Die umfassendste Sozialreform seit Bismarck. Für die, die ohne Arbeit waren, sollte fast alles anders und vieles besser werden. Das war das Versprechen. Und die Realität? Wie hat sich Deutschland seitdem verändert? Wie haben die Menschen, für die die Gesetze geschrieben wurden, die letzten Jahre erlebt? Hat sich ihre Situation verbessert? Ist alles geblieben, wie es war? Oder haben die Hartz-Gesetze dazu beigetragen, dass Menschen ohne Arbeit ausgeschlossen werden?

Weit entfernt vom Leben der Zetzsches und Webers, im politischen Berlin, sind Antworten auf diese Fragen kaum zu finden. Hier scheint man Menschen wie sie für kurze Augenblicke immer wieder neu zu entdecken. Mal als Ziffern in den Statistiken, mal als Pixel eines schraffierten Feldes in den Grafiken zu den Arbeitslosenzahlen. Menschen wie die Webers findet man dort in der Spalte »Langzeitarbeitslose«. Dann heißt ihr Zusammenleben plötzlich »Bedarfsgemeinschaft«, und ihre vielen Probleme sind »Vermittlungshemmnisse«. Dann sind sie die »Hilfebedürftigen«. Drei von über sieben Millionen.

Die Zetzsches erscheinen als Teil eines ständig wachsenden Balkens. Sie gehören zu denjenigen, die arbeiten, von ihrem Lohn aber kaum leben können. Zwei von 6,5 Millionen. Sie heißen dann »Niedriglöhner« oder »working poor«, die arbeitenden Armen. Und wenn dieser Balken wieder einmal um ein gutes Stück wächst, dann entdeckt die Politik die Zetzsches. Dann will ihnen die eine Partei mit Kombilöhnen helfen, die andere mit Mindestlöhnen. Mal diskutieren sie über Stromgeld, mal über Konsumgutscheine.

Mal entdeckt das politische Berlin Menschen wie die Webers als Arme, die abgetragene Kleidung in der Kleiderkammer bekommen und für Essen anstehen, das Supermärkte und Einzelhändler gespendet haben. Dann sind sie Symbol für Ungerechtigkeit in unserem reichen Land. Mal sind sie Thema in soziologischen Studien. Dann nennt sie der eine »abgehängtes Prekariat«, der andere »neue Arme«, der dritte »sozial Schwache«, und es wird seitenlang darüber gestritten, wie man sie politisch und begrifflich korrekt zu bezeichnen hat. Mal sind sie Anlass politischer Debatten. Dann werden ihretwegen Behörden errichtet, Regierungserklärungen abgegeben, Talkrunden veranstaltet. Mal werden sie bemitleidet, mal beschimpft.

Selten aber werden sie selbst gefragt. Viel zu selten dürfen sie erzählen, wie es ist, ganz unten in der Gesellschaft zu leben. Wie sie dort gelandet sind. Wer die Verantwortung dafür trägt und was sich ändern müsste. Ob sie es schlimm finden, wenn man sie »arm« nennt, ob sie sich als »abgehängtes Prekariat«, als »Verlierer« oder als »Unterschicht« fühlen. Ob sie mehr Geld bräuchten, mehr Hilfe oder mehr Anerkennung.

Dieses Buch wird dem Stapel der theoretischen Abhandlungen keine weitere hinzufügen. Stattdessen sind wir immer wieder zu den Menschen gefahren, über die so viel geredet wird, und haben *mit* ihnen geredet. Mit ihnen, aber auch mit ihren Helfern in der Schule, in den Ämtern, in den Familien. Es sind keine Momentaufnahmen, sondern Begegnungen über Wochen und Monate, erneute Treffen nach Jahren. Die Geschichten erzählen von der Suche nach IDENTITÄT, vom ALLTAG mit wenig Geld, von der ARBEIT, von den Chancen, die sich bieten oder die durch mangelnde BILDUNG verwehrt sind, und dem Verhältnis zum STAAT, der meist das Leben bezahlt, aber gleichzeitig oft Feind ist, und von der Frage, was kommt, der Frage nach der ZUKUNFT. Sie erzählen von ihrem Leben in Deutschland – Deutschland dritter Klasse.

IDENTITÄT

Es ist gleich neun Uhr. René ist spät dran. Jessica ist wütend. Beide laufen immer wieder die Treppe rauf und runter, die die beiden Zimmer der Dachgeschosswohnung verbindet. Jessica schimpft, René faucht. Nur Janina ist schon fertig. Den Schnuller im Mund, sitzt sie auf dem Sofa und schaut fern. Kabel eins wiederholt einen alten Kung-Fu-Film.

Jessica und René müssen zum Amt. Eigentlich wollten sie schon längst dort sein. Denn sie brauchen dringend Geld. Erst in ein paar Tagen wird ihr nächstes Hartz-Geld überwiesen. So lange können sie aber nicht warten. »Wir haben fast gar nichts mehr«, sagt Jessica. »Nur noch sieben Euro. Dann ist es vorbei, und ich muss noch das Telefon bezahlen. Sonst sperren sie mir das.« Auf keinen Fall soll es wieder so weit kommen wie vor ein paar Wochen. Auch da war das Geld weit vor Ende des Monats verbraucht. Sie gingen nicht zum Amt, sondern blieben einfach in der Wohnung. Dann gingen die Windeln für Janina aus. »Bei jedem Klingeln dachte ich, das Jugendamt steht vor der Tür und nimmt mir das Kind weg«, sagt Jessica.

Es klingelt. »Wo ist meine kleine Janne?«, ruft ein Mann. Er meint Janina, seine Enkelin. Helmut Weber ist Renés Vater. Er lebt unten, im selben Haus, im Erdgeschoss. Auch er hat heute einen Termin beim Amt. Sein Arbeitsvermittler will, dass er sich um eine Stelle bemüht. Sie wollen gemeinsam los. So wird es fast ein Familienausflug. Nur Pascal, Helmuts jüngerer Sohn, kommt nicht mit. Er ist erst neun und schon in der Schule.

Helmut Weber hat immer gearbeitet. Damals ging das alles noch, sagt er. Auch ohne einen tollen Schulabschluss, auch ohne eine gute Ausbildung. Im Gegensatz zu seinem Sohn René fand er immer etwas. Es gab immer eine Baustelle, auf der er anfangen konnte. Mal hat er geteert, mal gestrichen, mal lackiert. Jetzt ist er zweiundfünfzig. Er kann nicht mehr, sagt er, und wenn man ihm länger zuhört, dann hat man den Eindruck: Er will auch nicht mehr. Vor zwei Jahren hat er sich arbeitslos gemeldet. »Sollen jetzt erst mal andere malochen. Da sollen sie erst mal die Jungen ranziehen. Die, die wirklich aus der Schule kommen und noch nie malocht haben und die schon jahrelang arbeitslos sind. Die sollen sie ranziehen«, betont er noch einmal und setzt sich zur Familie seines Sohnes auf das Sofa. Sie rauchen noch eine, bevor es losgeht. Jessica, René, Janina und Helmut Weber – drei Generationen. Sie alle leben von Hartz IV.

»Unterschicht – das sind wir!«

Die Webers wohnen in Wattenscheid. Früher war Wattenscheid mal eine eigene Stadt, heute ist es nur noch ein Ortsteil von Bochum. Eine der kleinen Niederlagen im Leben der Einwohner. Gut 20000 Menschen leben hier. Eine der Sehenswürdigkeiten ist der Imbiss an der Bochumer Straße. Der Chef hat mal in einem Sternerestaurant gekocht. Außerdem gibt es im Zentrum einen großen weißen Prachtbau, das schönste Haus am Platz. Das ist das Arbeits- und Sozialamt.

Früher hießen die Anziehungspunkte in Wattenscheid *Fröhliche Morgensonne*, *Holland* oder *Engelsburg*, die großen Zechen, in denen fast sechzig Prozent der männlichen Wattenscheider arbeiteten. Aber seit die Zeche *Holland* vor rund zwanzig Jahren als letzte die Förderung einstellte, ist das Kapitel Bergbau in Wattenscheid Geschichte. Das Kapitel Arbeit für viele auch. Allein zwischen den Jahren 1999 und 2005 gingen im Ruhrgebiet über 100000 Arbeitsplätze verloren. Das Ruhrgebiet ist eine der ärmsten Regionen des Landes. Wenn man den Wattenscheider Bahnhof verlässt, fällt es schwer, sich hier willkommen zu fühlen. Direkt vor dem Bahnhofsgebäude verläuft die Autobahn 40, die auf Stelzen direkt durch den Ort führt, daneben ein Haus, das leer steht und langsam verfällt. Die Menschen hier wissen, wie es ist, wenn die Arbeit nach und nach verschwindet. Wenn es immer mehr Menschen gibt, die das Geld vom Staat bekommen statt von einer Firma.

21,6 Prozent der Wattenscheider leben von Hartz IV.
Jedes dritte Kind wächst hier in einer Hartz-IV-Familie auf.

In Deutschland erhalten 2,5 Millionen Kinder und Jugendliche staatliche Unterstützung. Das sind doppelt so viele wie 2004.

Quellen: Sozialbericht Bochum (2008), Deutscher Kinderschutzbund (2008)

Vielen Wattenscheidern geht es so wie den Webers: Sie sind schon so lange ohne Arbeit, dass sie sich an den letzten richtigen Job, an das letzte echte Gehalt kaum mehr erinnern können. In jeder dritten Wattenscheider Familie wachsen Kinder auf, die nicht wissen, wie es ist, wenn die Eltern zur Arbeit gehen. Ihr Leben läuft so ab wie das von Janina: Die Eltern gehen zum Amt oder bleiben zu Hause. Wie nennt man solch ein Leben? Sind das arme Familien? Abgehängte oder Ausgeschlossene?

Fragt man die Webers selbst, lachen sie kurz. »Unterschicht«, sagt Jessica dann und schaut Helmut und René an, die neben ihr auf dem Sofa sitzen. »Unterschicht – das sind wir!« Sohn und Vater nicken, ohne zu zögern. Die Frage nach ihrem Platz in der Gesellschaft scheint für sie alle schnell und eindeutig beantwortbar. »Wo gehöre ich hin? In welche Schicht? In welche Gruppe?« Für die drei Webers heißt die Antwort: »Wir sind ganz unten.«

Für die Webers ist die Einordnung klar. Unklar ist aber ihre
Antwort auf die Frage nach den Gründen. René sagt, niemand
biete einem wie ihm Arbeit an. Ihn wolle keiner, deshalb habe er
aufgehört zu suchen. »Der ganze Arbeitsmarkt ist total kaputt«,
sagt sein Vater, Helmut Weber. Einfache Jobs gebe es kaum noch.
Früher sei er von Baustelle zu Baustelle getingelt, habe immer
was gefunden. Inzwischen sei das unmöglich. »Das liegt am
Staat«, sagt Helmut Weber. »Der Staat ist schuld, kein anderer.
Die machen immer mehr weg. Sind doch keine Stellen mehr da.
Und dann heißt es hinterher, man ist zu faul.« »Na ja, Helmut«,
sagt Jessica. »Manche Leute sind aber echt zu faul. Vielleicht ist
man auch selber schuld.« Sie selbst, sagt Jessica, hätte vieles anders machen können. »Ich war dumm, ich war einfach nur
dumm. Ich hab immer gedacht: Scheiß drauf, ich krieg eine Arbeit, scheiß drauf, und wenn ich mit Jobs lebe. Und jetzt sehe
ich, was daraus wird.«

Als wir die Webers nach der ersten gemeinsamen Woche verlassen, hat sich ein Bild eingebrannt: René, dünn und blass, ganz
rechts; Jessica, erschöpft und ein wenig hilflos in der Mitte, hält
Janina auf dem Schoß; Helmut, verbittert, ganz außen. HATE,
»Hass«, hat er sich auf die Hand tätowiert. Auf jeden Finger
einen Buchstaben. So sitzen sie auf dem schwarzen Sofa, auf das
sie so stolz sind – in einem fast leeren Zimmer vor einer weißen
Wand. Das bläuliche Licht, das der Fernseher ausstrahlt, flackert.

Wie kann das passieren? Wann ist ihnen der Antrieb verloren gegangen? Warum haben sie kapituliert? Wie muss ein Leben verlaufen, dass man mit Anfang zwanzig voller Überzeugung sagt: »Unterschicht – das sind wir.«? Liegt es an den Unternehmen, die, wie René Weber sagt, »so Leuten wie mir« keine Chance geben? Trägt der Staat die Verantwortung, der sich, wie sein Vater meint, zu wenig darum kümmert, dass es Arbeit für alle gibt? Oder ist es die Schuld des Einzelnen, der, wie Renés Frau Jessica meint, sein Leben einfach laufenlässt und hofft, dass schon alles gutgehen wird?

Es gibt einen in der Familie, der jeden Morgen um kurz vor acht das Mietshaus verlässt, in dem die Webers wohnen. Einen, der regelmäßige Termine hat. Papa Helmut steckt dann die Schulsachen in den Rucksack, winkt kurz, und schon setzt sich Pascal auf sein Mountainbike und fährt zur Schule. Pascal ist neun und Helmut Webers zweitjüngster Sohn, also Janinas Onkel. Als sich Helmut Weber von Pascals Mutter trennte, teilten sie die Kinder auf. Pascal lebt bei Helmut, Dustin, der Jüngste, bei der Mutter, zusammen mit zwei Halbschwestern und den Kindern des neuen Freundes. »Komplizierte Familienverhältnisse«, hatte uns Pascals Schuldirektor gesagt. »Find ich nicht«, sagt Helmut Weber. Bei ihm lebt Pascal, seine Exfrau hat eine neue Familie und den kleinen Dustin. »Was soll daran schwer zu verstehen sein?«

Wer mit Pascal klarkommen möchte, hat es nicht leicht. Pascal liebt seinen Vater und seinen Bruder, den er Dustie nennt. Ansonsten mag Pascal vieles nicht. Sein Zimmer aufräumen zum Beispiel. »Das lass ich vergammeln«, sagt er, als sein Vater die Tür öffnet und stolz zu uns sagt: »Das ist Pascals Reich. Da schläft auch Dustin, wenn der da ist.« Hallo sagen mag Pascal auch nicht. Selbst wenn Helmut ihn fünf Mal ermahnt. Pascal schweigt zur Begrüßung. Manchmal schlägt er, manchmal rennt er weg oder fährt einfach schneller, so wie jetzt gerade. Keine zehn Minuten braucht er – durch die Einfahrt, links die Straße runter, über die Straßenbahnlinie, den Berg rauf bis zu seiner Schule, der Wattenscheider Förderschule, die bislang alle Kinder der Webers besuchten.

Pascal ist seit der ersten Klasse Schüler der Fröbelschule. Im Schulgesetz nennt man diesen Schultyp »Förderschule mit dem Förderschwerpunkt Lernen«. Früher nannte man die Schulen »Hilfsschulen« oder »Sonderschulen«. Und damals hatten sie hier auch keine erste Klasse, sondern fingen erst mit der vierten an. Die Fröbelschule hat hundertfünfzig Schüler. Fast zwei Drittel von ihnen leben von Hartz IV. Und ihr Anteil steigt ständig. Das größte Problem seiner Schüler, sagt Rektor Christoph Graffweg, sei die Armut ihrer Eltern. Und sein großes Problem sei, dass er nichts dagegen tun könne und mit ansehen müsse, wie sich diese Armut in der nächsten Generation fortsetze.

Pascals Klasse beginnt den Tag heute mit einer Beruhigungsstunde. Die Lehrerin hat Räucherstäbchen angezündet und langsame, leise Musik eingelegt. Die Kinder sollen den Kopf auf ein Kissen legen und zur Ruhe kommen. Dann geht es los. Ihre Lehrerin geht durch den Raum, massiert den Kindern die Schultern. Fünfzehn Minuten halten einige durch. Sie bleiben ganz ruhig liegen – reden nicht, zappeln nicht, stören nicht, schreien nicht und schlagen nicht. Das sei ein großer Erfolg, sagt die Lehrerin. Viele hier hätten Probleme, sich länger als fünf Minuten auf eine Sache zu konzentrieren.

Nach der Beruhigungsphase schickt die Lehrerin Pascal und die anderen auf den Schulhof. Sie sollen fünfmal um die Bäume rennen, um Energie loszuwerden. Inzwischen ist die erste Schulstunde fast vorbei. Pascal ist in der dritten Klasse. Aber er hat noch große Schwierigkeiten, zu lesen. Er kann nur mit kleinen Zahlen rechnen. Schon jetzt hat er einen großen Rückstand gegenüber denen, die die »normalen« Grundschulen besuchen. Und was passiert nach der Schule? Die meisten, die die Schule verlassen, sind danach erst mal arbeitslos. »Die Perspektive, die meine Schüler haben, ist Hartz IV«, sagt Pascals Rektor Christoph Graffweg. Pascal ist neun Jahre alt. Ist jetzt schon entschieden, wie sein Leben verlaufen wird?

»Ich will es aber schaffen«

Andrea will nicht glauben, dass sie keine Perspektive haben soll. Sie ist siebzehn und in der Abschlussklasse der Fröbelschule. Sie ist fleißig, hört immer zu, bemüht sich, damit ihr Leben doch noch einen anderen Weg nimmt als den, der so deutlich vorgezeichnet zu sein scheint. Andrea will nach der Schule nicht von Hartz IV leben. »Ich möchte auf jeden Fall eine Ausbildung machen«, sagt sie bestimmt und wirkt plötzlich gar nicht mehr so verschüchtert wie zuvor. Andrea ist groß und dünn. Ihre blonden Haare trägt sie meist offen. Aus ihrer Hose ist sie herausgewachsen. Man sieht, dass ihr Vater nicht so viel Geld für ihre Klamotten ausgeben kann.

Die Schule ist ihr sehr wichtig, aber heute fehlt Andrea trotzdem. Sie wird zu Hause gebraucht. Ihre Eltern leben getrennt. Sie ist bei ihrem Vater geblieben, ihre Mutter vermisse sie nicht. »Das hat nicht gepasst. Ich mag meine Mutter gar nicht, und ich möchte auch keinen Kontakt mehr zu ihr haben. Die hat sich nie um mich gekümmert«, sagt Andrea. Die neue Frau ihres Vaters mag sie dagegen sehr, und Andrea bleibt heute bei ihr, um sich um sie zu kümmern. Andreas Stiefmutter ist an Lungenkrebs erkrankt. »Austherapiert«, sagen die Ärzte. Seit drei Monaten pflegt die Familie sie zu Hause. Die Wohnung hat drei Zimmer. In einem liegt Andreas Stiefmutter am Tropf in einem höhenverstellbaren Krankenbett. »Zu machen ist nichts mehr, also darf sie zu Hause sterben«, sagt Andreas Vater.

Er hat seit fünf Jahren keine Arbeit mehr. Er hat Maler gelernt und seinen Meister gemacht, danach auch mal als Maurer gearbeitet. »Jetzt kann ich in beiden Berufen nicht mehr arbeiten, da ich einen Herzinfarkt hatte und eine Krebsoperation hinter mir habe«, sagt er. »Ich habe noch einen geistig behinderten Sohn und bin alleinerziehender Papa von insgesamt drei Kindern.« Andrea, die neben ihm sitzt, hält die Hand hoch. Vier Finger sind abgespreizt. »Ja, vier Kinder«, sagt ihr Vater. »Aber die Vierte hat hier noch nie gewohnt.« Wenn Andrea zu Hause ist, hält sie sich nicht in ihrem Zimmer, sondern meist in der Küche auf. Dort hört sie ihre Stiefmutter am besten. »Wenn sie etwas braucht, dann kann ich ihr helfen«, sagt Andrea.

Ihr Vater glaubt, dass Andreas Zukunft so ähnlich aussehen wird wie seine Gegenwart. Keine Arbeit, eine Wohnung, die der Staat bezahlt. Viel mehr könne seine Tochter wohl nicht erreichen, meint er. Andrea hat ihm erzählt, dass auch Lehrer in der Schule glauben, dass mit einem Abschluss an der Förderschule nichts anderes möglich sei als Hartz IV. »Na, die Schüler werden halt in der heutigen Gesellschaft nichts Weiteres mehr bekommen«, sagt Andreas Vater. »Das muss man so klar sehen. Wenn Sie jetzt ein Kind haben, das nicht weiterkommt als bis zur Hauptschule, dann kommt es nicht weiter. Wenn Kinder nicht weiterlernen können, dann können sie nicht weiterlernen. Man kann keine Weisheiten in ein Kind hineinprügeln.« Und für die, die nur den Hauptschulabschluss schaffen, seien eben keine Arbeitsmöglichkeiten mehr da. »Damit muss man sich abfinden. Man muss Realist bleiben. Man kann den Kindern keine sieben Wolken an den Himmel malen, weil das nichts bringt. Die fallen nachher auf den Boden und wissen nicht mehr, was passiert.«

Ob er sich denn vorstellen könne, dass es für die Kinder sehr hart sei, so etwas zu hören, wollen wir wissen. »Ja, sicherlich«, sagt Andreas Vater, »weil viele Kinder sich vielleicht doch Hoffnungen machen, irgendwo unterzukommen.« Auch diesmal hat Andrea wieder genau zugehört, und auch diesmal will sie nicht einfach nicken. »Ich sehe das anders«, sagt sie. »Wenn ich mich bemühe, dann schaffe ich es auch. Man muss es nur wirklich wollen, und wenn man es will, dann schafft man es auch.« Ihr Vater nickt. Aber überzeugt ihn das, was seine Tochter sagt? »Die Andrea hat sich ja jetzt um zwei, drei Ausbildungsplätze bemüht«, sagt er, »und wenn wir Glück haben, dann klappt es bei *Kaufland*.« Fester Glaube klingt anders.

Wer oder was entscheidet darüber, ob jemand arm oder reich ist? Ob jemand unten oder oben landet? Die Unternehmen, der Staat, der Einzelne – das meinten die Webers. Andrea hatte mit Unternehmen und dem Staat als Arbeitsbeschaffer aber bislang noch wenig zu tun. Wie werde ich leben? Wer werde ich sein? Auf diese Fragen antworten manche Lehrer und ihr Vater: »Du wirst arbeitslos sein. Du wirst von Hartz IV leben.«

Unsere erste Reaktion war: Das darf man nicht sagen. Man darf einer Siebzehnjährigen, die ihr Recht auf eine bessere Zukunft einfordert, nicht jede Hoffnung nehmen. Aber darf man eine Siebzehnjährige belügen? Darf man ihr etwas vormachen? In den letzten vier Jahren haben genau vier Förderschüler einen Ausbildungsplatz bekommen. All die Erwachsenen, die Andrea auf ein Leben ohne Arbeit vorbereiten wollen, sagen, dass sie das nicht tun, um sie zu verletzen, sondern um sie zu schonen, um sie vor Enttäuschungen zu bewahren. Wir fragen, ob wir Andrea und ihre Mitschüler begleiten dürfen. Wir dürfen und werden sie in den nächsten beiden Jahren immer wieder treffen. Wird die Prognose auch auf sie zutreffen?

Eine knappe halbe Stunde von Andreas Wohnung entfernt, in der rechten Hälfte eines Doppelhauses in einer Reihenhaussiedlung, treffen wir einen, der all das hat, was Andrea fehlt, und trotzdem ohne Arbeit ist. »Überqualifiziert« steht in den Absagen, die Volker Hoppe bekommt. Neben »zu alt« ist das der häufigste Grund, den die Firmen bei der Rücksendung seiner Unterlagen nennen. Volker Hoppe ist noch neu in der Unterschicht. Wenn er von seinem Leben erzählt, klingt es fremd und vertraut zugleich. Fremd nach all den Gesprächen mit der Familie Weber und mit Andrea aus der Wattenscheider Fröbelschule. Gespräche, in denen es um einen schlechten Start ging und um ein Leben, das bisher wenig gute Wendungen bereithielt. Vertraut, weil seine Biographie eine ist, die einem geläufig ist – von Eltern, von Bekannten, von Kollegen. Ein Leben nach Plan. Bis vor siebzehn Monaten.

Der Absteiger

Volker Hoppe hatte all das, was sich Jessica Weber für Janina erträumt: einen guten Abschluss, 3000 Euro Monatsverdienst, eine Stelle als Vorstandsassistent. Er hatte ein Haus gekauft, fürs Alter vorgesorgt. Vor eineinhalb Jahren noch, mit Anfang vierzig, fühlte er sich sicher. »Ich war einer aus der klassischen Mittelschicht, der gesagt hat: Ich lebe gern gut. Ich esse gern und gut«, sagt Volker Hoppe. Er sitzt in seinem Wohnzimmer neben dem Ordner mit den gesammelten Absagen und klingt, als erzählte er aus einer anderen Epoche. Dabei ist sein altes Leben gerade einmal siebzehn Monate her. Damals ging die Firma, bei der er angestellt war, pleite. Zum ersten Mal war er ohne Arbeit. Er glaubte, dass das nur ein kurzes Intermezzo sein würde, sein könnte, bei seinem Lebenslauf. Inzwischen hat er zweihundert Bewerbungen geschrieben. Alle waren erfolglos. Er sprach immer wieder beim Arbeitsamt vor. Nur ein Mal machte ihn sein Berater auf eine Stelle aufmerksam. Er rief sofort an, aber sie war längst vergeben. Er tue immer noch alles, um wieder Arbeit zu finden, sagt Volker Hoppe heute. Aber der Glaube daran, der sei dahin.

Fast die Hälfte aller Vierzigjährigen war schon einmal arbeitslos. Vor zwanzig Jahren waren es nur 21 Prozent.

Zu Beginn der achtziger Jahre waren rund zwölf Prozent der Arbeitslosen länger als ein Jahr ohne Arbeit. Im Jahr 2007 waren es knapp 36 Prozent.

2007 haben nur vier Prozent der Langzeitarbeitslosen wieder einen sozialversicherungspflichtigen Job gefunden.

Quellen: Institut für Arbeits- und Berufsforschung (2006), Bundesagentur für Arbeit (2008)

Volker Hoppe hat vierundzwanzig Jahre lang gearbeitet. Er hatte immer Steuerklasse I und zahlte von seinem Gehalt insgesamt über 100 000 Euro an die Arbeitslosenversicherung. Seit dem Jahr 2005 schützt diese Versicherung niemanden mehr langfristig. Vielleicht wird dieser 1. Januar 2005 als Tag in die Geschichte eingehen, von dem an die Schichten in Deutschland plötzlich durchlässiger wurden – nach unten. Denn seit diesem Tag kann man schneller abstürzen.

Das vierte Gesetz für moderne Dienstleistungen am Arbeitsmarkt, besser bekannt als Hartz IV, schreibt fest, dass die Arbeitslosenversicherung den unter Fünfzigjährigen nur noch zwölf Monate lang einen Teil des letzten Gehalts zahlt. Danach gibt es 351 Euro plus Miete und Heizung. Egal, wie viel man vorher verdient hat. Und Volker Hoppe bekommt nicht einmal dieses Geld vom Amt ausgezahlt. Er ist verheiratet. Sein Lebenspartner hat als Lehrer gearbeitet. Jetzt ist er Frührentner. Nach Ansicht des Gesetzgebers reicht diese Rente für zwei. Volker Hoppe wird also von seinem Partner finanziert. Seit der Einführung von Hartz IV bekommt ein Langzeitarbeitsloser nur dann Geld ausgezahlt, wenn der Ehepartner ebenfalls gar nicht oder nur wenig verdient.

»Ich war Mittelstand«, sagt Volker Hoppe, »jetzt gehöre ich zu einer anderen Gruppe und muss sehen, wie ich zurechtkomme.« Er kommt schlecht zurecht. Das Zeitungsabonnement ist gekündigt. Er hat seit Monaten kein Buch mehr gekauft, war nicht im Kino, nicht im Theater. In die Innenstadt geht er kaum noch. Er erträgt es nicht, an all den Geschäften vorbeizugehen und das zu sehen, was er früher einfach kaufen konnte, was heute aber unerschwinglich ist. Trotzdem kommt er mit dem Geld nicht hin. Als Nächstes wird er seinen Kleinwagen aufgeben müssen. Volker Hoppes Tage sind zäh. Spaziergänge mit dem Hund, Pflege der Schallplattensammlung, Bewerbungen. »Mittlerweile habe ich mich schon in gewisser Weise in ein Schneckenhaus zurückgezogen«, sagt er. »Ich gehöre nicht mehr dazu.«

Die Mittelschicht ist in den letzten Jahren um etwa fünf Millionen Menschen geschrumpft. Ihr Anteil an der Bevölkerung sank von 62 Prozent im Jahr 2000 auf 54 Prozent im Jahr 2006.

14 Prozent der Menschen, die im Jahr 2000 noch zur Mittelschicht zählten, leben inzwischen in Armut.

In Deutschland gilt derjenige als arm, der von weniger als 880 Euro im Monat lebt. Das sind 60 Prozent des durchschnittlichen Nettoeinkommens. 18 Prozent der Deutschen sind demnach arm.

Quellen: Armutsbericht der Bundesregierung (2008), Deutsches Institut für Wirtschaftsforschung (2007)

Jessica und René Weber leben seit ihrer Kindheit ganz unten. Sie kennen keinen, dem es anders geht. Für sie ist das fast Normalität. Volker Hoppe erlebt seinen Abstieg bewusst. Er verläuft nach Gesetzeslage. Es sei schließlich ein Abstieg, der von der Politik verordnet wurde, sagt Hoppe. Als wir mit ihm die Nachrichten schauen, merken wir, dass er in diesen Momenten denen zu begegnen meint, die seiner Ansicht nach die Verantwortung für seine Lage tragen. »Ich empfinde Wut und Hass«, sagt er, als er den ehemaligen Superminister Wolfgang Clement entdeckt.

»Sind das nicht zu heftige Worte?« »Ich habe vierundzwanzig Jahre lang die Gemeinschaft mitgetragen«, entgegnet Volker Hoppe, »und jetzt brauche ich unverschuldet Hilfe, und die Gemeinschaft verweigert diese Hilfe und sagt: ›Das geht so nicht mehr, wir haben ein Haushaltsloch, Sie müssen jetzt sehen, wo Sie bleiben.‹ Und da fühle ich mich von der Regierungsseite, also von unseren Leuten, die in der Politik sitzen, um mein Geld betrogen.«

61 Prozent der Deutschen stimmen der Aussage zu, dass es keine Mitte mehr gibt, sondern nur ein Oben und Unten.
46 Prozent sagen, dass sich ihr Lebensstandard in den vergangenen Jahren verschlechtert hat.

Quelle: Infratest Sozialforschung (2007)

ALLTAG

Inzwischen ist es halb zehn am Morgen. Die Webers sind aufbruchbereit. Jessica Weber trägt die kleine Janina die Treppen hinunter, René und Helmut Weber laufen hinterher. Unten wird Janina in den Kinderwagen verladen und warm eingepackt. Sie wird lange im Wagen bleiben müssen. Die Webers wollen jetzt endlich los zum Amt und dort um etwas Geld für den restlichen Monat bitten. Jessica schiebt Janina, René und sein Vater laufen nebenher – die Bochumer Straße entlang, auf dem Ring am Zentrum vorbei. Eine halbe Stunde dauert der Weg bis zum Amt. Die Webers gehen immer zu Fuß. »Was bleibt uns denn sonst?«, fragt Helmut. »Wovon soll ich wohl ein Auto bezahlen, und die Straßenbahn ist sowieso zu teuer.« Eine einfache Fahrt kostet 2 Euro 20 pro Person. Janina braucht noch kein Ticket, aber für die drei anderen wären das fast sieben Euro. Nur um zum Amt zu kommen. Und noch einmal sieben für den Rückweg.

Monatskarte für den öffentlichen Nahverkehr in Wattenscheid: 56,00 Euro

Betrag, der im Hartz-IV-Satz für Transport / Mobilität vorgesehen ist: rund 20 Euro

Bislang bieten nur Dortmund und Unna Sozialtickets für 15 Euro im Monat an. In Berlin, München, Köln und Frankfurt erhalten Hartz-IV-Empfänger bis zu 50 Prozent Rabatt auf die Monatskarte.

Quellen: Bochum-Gelsenkirchener Straßenbahnen AG, Paritätischer Wohlfahrtsverband

Der Besuch im Amt ist einer der wenigen festen Termine im Leben der Familie Weber. Fast jeden Monat sind sie hier, manchmal sogar mehrmals. Sie kamen vor den Hartz-Reformen, und sie kommen auch jetzt, danach. Eine Konstante, während sich im Amt mit der Reform fast alles geändert hat. Es begann bei den Namen. Früher hießen die Webers »Sozialhilfeempfänger«. Jetzt sind die Mitarbeiter im Amt angewiesen, sie »Kunden« zu nennen. Ihr Sachbearbeiter heißt jetzt »persönlicher Ansprechpartner« oder »pAp«. Er soll nicht mehr stur verwalten, sondern individuell betreuen. Und das Amt ist eigentlich auch kein Amt mehr, sondern heißt jetzt »Arbeitsgemeinschaft für die Grundsicherung Arbeitssuchender«, kurz »Arge«. Richtig durchgesetzt hat sich das aber nicht. Genauso wenig wie das mit den Kunden und dem »pAp«, bisher zumindest.

Unten im Foyer trennen sich die Webers. Jessica und René wollen Geld. Sie müssen in die Abteilung »Leistungsgewährung« gleich im Erdgeschoss. Helmut Weber soll endlich Arbeit wollen. Deshalb hat ihn das Amt heute in den dritten Stock bestellt, in die Abteilung »Arbeitsvermittlung«. Jessica und René Weber sind angespannt. Die Sache mit dem Geld ist schließlich dringend. Das Problem ist nur, dass es bei ihnen am Ende des Monats fast immer dringend ist. Sie fürchten, dass ihr Sachbearbeiter Stress machen und ihnen zusätzliches Geld verweigern wird. Dann wissen sie nicht, wovon sie in der nächsten Woche leben sollen – mit gerade einmal sieben Euro im Portemonnaie.

Noch sieben Euro für acht Tage

Endlich dürfen sie rein. »Was haben wir denn heute?«, fragt Ralf Schmidt. »Ich habe ein Anliegen«, sagt Jessica Weber. »Wir haben hier ein kleines Problem«, fährt sie fort und stockt. Sie zögert und bittet dann schließlich doch: »Haben Sie einen Scheck oder so etwas für uns?« »Warum?«, fragt Ralf Schmidt. »Wir müssen einkaufen, und für die Janina müssen wir Windeln haben und Feuchttücher«, erklärt Jessica. René, der noch schmaler aussieht als sonst, assistiert: »Feuchttücher auf jeden Fall.« »Das geht alles zur Neige«, sagt Jessica und hofft, genug erklärt zu haben. Aber Ralf Schmidt ist noch nicht überzeugt. »Also, folgendes Problem«, sagt er. »Wir haben heute den vierundzwanzigsten.« »Ja. Echt? Tatsache?«, fragt Jessica. Je gleichförmiger die Tage sind, desto unwichtiger scheint der Kalender, der Wochentag, das Datum zu werden. »Echt«, antwortet Schmidt. »Das heißt, es sind noch acht Tage bis zum Anfang des nächsten Monats, also noch acht Tage bis zur Zahlung des Geldes.« »Ja«, sagt Jessica. »Das reicht aber nicht mehr.«

Ein Hartz-IV-Empfänger erhielt 2007 im Schnitt 660 Euro netto im Monat inklusive der Kosten für seine Wohnung.

Quelle: Bundesagentur für Arbeit (2008)

Dass es nicht reicht, ist im Gesetz nicht vorgesehen. Jessica und René Weber bekommen zusammen 622 Euro Hartz-Geld, 207 Euro gibt es für Janina inklusive Kindergeld. Bis zu Janinas zweitem Geburtstag erhalten die Webers noch 300 Euro Erziehungsgeld im Monat obendrauf. Macht für die drei zusammen 1129 Euro im Monat. Dazu bezahlt das Amt die Miete und die Heizung. Aber nicht einen Cent mehr. Eigentlich hat der Gesetzgeber sogar geplant, dass sie jeden Monat einen Teil des Geldes sparen, um Reserven zu haben, falls etwas kaputtgeht oder um Möbel und Kleidung zu kaufen. Ein Ziel von Hartz IV war, dass die Empfänger ihr Budget selbst einplanen und verwalten. »Das reicht aber nicht mehr«, sagt Jessica Weber noch einmal.

»Das hatten wir ja alles schon«, erinnert Schmidt an die Monate zuvor und nutzt dann doch den einzigen Ausnahmeparagraphen, den der Gesetzgeber ihm gelassen hat. In § 23 des II. Sozialgesetzbuches steht: »Kann im Einzelfall ein von den Regelleistungen umfasster und nach den Umständen unabweisbarer Bedarf weder durch das Vermögen noch auf andere Weise gedeckt werden, erbringt die Agentur für Arbeit bei entsprechendem Nachweise den Bedarf und gewährt dem Hilfebedürftigen ein entsprechendes Darlehen.« Das heute ist kein Einzelfall. Das weiß Schmidt. Aber er weiß auch, dass Jessica und René Weber vermutlich wirklich nur noch sieben Euro haben, und er sieht Janina im Kinderwagen genau vor sich. Da muss sich das Gesetz eben an die Realität anpassen, nicht umgekehrt. »Wenn wir was machen können, ist es allerhöchstens darlehensweise und allerhöchstens auf Gutscheinbasis«, sagt er.

Dass sie das Geld nur geliehen bekommen würden und ab dem nächsten Monat in Raten von ihrem Hartz-Geld zurückzahlen müssen, wussten Jessica und René Weber. Aber sie hatten auf Bargeld gehofft. Deshalb verhandeln sie weiter. »Herr Schmidt«, sagt Jessica, »die im Geschäft, die gucken uns an, als ob wir das Letzte wären.« »Die meisten sagen schon: Nehmen wir nicht an«, sagt René. »Das stimmt so nicht ganz«, hält Schmidt dagegen. Es gebe genug Geschäfte, die die Gutscheine annehmen. »Und wir dürfen kein Bargeld auszahlen. Das ist das Problem. Wir dürfen Ihnen nur auf Gutscheinbasis helfen.« »Ja, aber der *Schlecker*, der nimmt keine Gutscheine an, Herr Schmidt«, versucht es Jessica weiter. »Und ich kaufe jetzt nicht im *REWE* die Sachen, wo ich wirklich zwei oder drei Euro mehr zahle.«

Es hilft nichts. Denn Paragraph 23, der mit der Ausnahmeregelung, hat nicht nur einen ersten, sondern auch noch einen zweiten Absatz. Und in dem hat der Gesetzgeber festgelegt: »Solange sich der Hilfebedürftige im Falle unwirtschaftlichen Verhaltens als ungeeignet erweist, mit der Regelleistung seinen Bedarf zu decken, kann die Regelleistung in voller Höhe oder anteilig in Form von Sachleistungen erbracht werden.« Deshalb macht es Schmidt jetzt auch kurz: »Frau Weber«, sagt er, »wir können da jetzt stundenlang drüber reden. Es geht nicht anders. Entweder Gutschein oder gar nichts, um das ganz platt auszudrücken.« Jessica kapituliert: »Na, dann nehme ich einen Gutschein.«

Der Berliner Finanzsenator Thilo Sarrazin hatte Mitarbeiter der Finanzverwaltung in Berliner Discounter geschickt und ihnen aufgetragen, dort mit dem Budget eines Hartz-IV-Empfängers einzukaufen. Danach sagte Sarrazin, man könne sich schon für 3 Euro und 76 Cent am Tag »völlig gesund, wertstoffreich und vollständig ernähren«.

Nach Sarrazins Plan sieht die Kalkulation für das Frühstück eines Hartz-IV-Empfängers folgendermaßen aus:

3 Scheiben Vollkornbrot für 12 Cent
2 Scheiben Wurst für 30 Cent
1 Scheibe Käse für 25 Cent
2 Tassen Kaffee für 10 Cent
1 Glas Saft für 30 Cent
20 Gramm Butter für 10 Cent
1 Mandarine für 25 Cent

Die Deutsche Gesellschaft für Ernährung sagt, die vollwertige Ernährung eines Erwachsenen koste fast das Doppelte, also rund 200 Euro im Monat.

Quellen: Senatsverwaltung für Finanzen Berlin (2008),
Deutsche Gesellschaft für Ernährung (2008)

»Das geht so nicht«, sagt Schmidt. »Ich brauche erst Ihre Konto-auszüge, um zu kontrollieren, was mit dem Geld auf Ihrem Konto passiert ist.« Jessica ist erschöpft. »Herr Schmidt, das se-hen Sie doch nicht auf dem Kontoauszug.« »Doch«, sagt Schmidt. »Da sehe ich zum Beispiel, ob mal zweihundert oder dreihundert Euro abgeholt wurden irgendwann. Ich brauche jetzt die Kontoauszüge ab Anfang des Monats, damit ich auch sehe, was mit dem Geld passiert ist.« Kontoauszüge vorzeigen. Das ist seit Hartz IV in allen Argen, also Ämtern, Normalität. Etliche Empfänger hatten dagegen geklagt und verloren. »Wer Sozialleistungen beantragt oder erhält, hat Beweismittel zu bezeichnen und auf Verlangen Beweisurkunden vorzulegen«, bestimmt der Gesetzgeber.

Jessica Weber durchsucht schon seit Minuten ihre Hand-tasche. Schließlich findet sie eine der verlangten Beweisurkun-den. Sie schiebt einen Kontoauszug über den Tisch. »Schauen Sie, Herr Schmidt, da ist minus. Gucken Sie mal!« Jessica Weber hat recht, das Konto ist überzogen. »Das sehe ich. Da sind Sie im Minus«, sagt Schmidt. Aber das reicht ihm nicht. »Hier ist jetzt am Achtzehnten des Monats zum letzten Mal Geld abgeholt worden. Ich brauche aber die Auszüge ab Anfang des Monats.«

Die Diskussion zieht sich hin. Beide Seiten bringen wieder und wieder ihre Argumente vor, und jeder scheint genau zu wis-sen, was die Gegenseite einwenden wird. Man ahnt, dass sie Ge-spräche wie dieses alle paar Wochen führen. Ralf Schmidt be-steht darauf, dass alles korrekt abläuft. Jessica und René Weber betteln um ihren Minikredit. Vor ein paar Tagen, als sich schon andeutete, dass es in diesem Monat knapp werden würde, hatten wir René Weber gefragt, ob sie keine Finanzplanung machen würden. »Nein«, hatte er gesagt. »Das lohnt sich nicht bei so we-nig Geld. Das haut dann eh nie hin.« Und Jessica Weber meinte, dass sie es nie schaffe, länger als drei oder vier Tage im Voraus zu planen. Ein, zwei Wochen vorauszudenken, das würde ihr einfach nicht gelingen. »Ich lad deshalb schon nie mehr Freunde ein«, hatte Jessica Weber gesagt, »weil, wenn ich dann sage: ›Ich mach für euch Kaffee und Kuchen‹, weiß ich schon, dass, wenn es so weit ist, kein Geld für Kaffee und Kuchen mehr da ist. Das mache ich nicht mehr. Ich plane echt nur noch ein paar Tage im Voraus, weil es anders nicht geht.«

Vielleicht wäre ihnen geholfen, wenn das Amt bei solch einer Finanzplanung helfen würde, statt Monat für Monat Löcher zu stopfen, die nicht entstehen dürften. Schließlich einigt man sich doch. Jessica und René Weber werden zur Bank gehen, um die restlichen Kontoauszüge zu besorgen.

»Ihr sollt es mal besser haben«

Die Sozialwissenschaftler definieren: »Von einer gesellschaftlichen Schicht spricht man, wenn die soziale Lage kein Einzelschicksal ist, wenn sie dauerhaft ist und an die Kinder weitergegeben wird.« Genauso beschrieben die Webers und Andreas Vater ihre Situation. Der Glaube, dass es besser werden könnte, ist ihnen abhandengekommen. Sie bemühen sich auch nicht mehr darum. Es sei aussichtslos, sagen sie.

Sozialarbeiter, Arbeitsvermittler, Familienhelfer, Sonderpädagogen, Jugendarbeiter. Sie alle werden vom Bund, vom Land Nordrhein-Westfalen oder der Stadt Bochum dafür bezahlt, dass es doch noch Bewegung gibt. Eine ihrer Aufgaben ist es, dafür zu sorgen, dass Jessica, René und Janina Weber und Andrea eine Chance auf eine bessere Zukunft haben. Wir rufen die Helfer der Familien an. Wir fragen bei Kirchen nach, bei Sozialverbänden und bitten, uns den Namen einer Familie zu nennen, bei der das funktioniert. Eine »Musterfamilie«, die die Hilfe annimmt und die mit der angebotenen Hilfe den Aufstieg schaffen kann. Schließlich schickt man uns zu Jana Kmetsch, Ende dreißig, alleinerziehende Mutter von drei Kindern. Auch sie ist schon lange arbeitslos. Trotzdem ist es schwierig, einen Termin mit ihr auszumachen. »Ich hab sehr wenig Zeit«, sagt sie am Telefon. Sie müsse sich nachmittags um ihre Kinder kümmern, und wenn die drei in der Schule sind, geht Jana Kmetsch zur Arbeitstherapie. »Ich habe immer viel zu tun«, meint sie.

Schließlich klappt es doch. Wir sitzen in ihrer Wohnküche im dritten Stock auf einer Sitzbank, deren Bezug so durchgesessen ist, dass die Schaumstofffüllung herausquillt. Auch Jana Kmetsch lebt in Wattenscheid, oben am Park. Da begegnet sie den Webers manchmal. Man kennt sich vom Sehen.

Nicht mehr so zurückhaltend wie noch zu Beginn stellen wir auch hier die Frage nach der Identität, nach der Zugehörigkeit, nach dem Begriff, den wir benutzen sollen, wenn wir später über die sprechen werden, die wir besucht haben. »Würden Sie sich dazuzählen, zur Unterschicht?« »Ja, auf jeden Fall«, sagt Jana Kmetsch, genau wie die Webers. Selbstverständlich. Ohne zu zögern. Vor unserer Reise nach Wattenscheid hatten wir lange diskutiert, ob wir die Familie fragen könnten, zu welcher Schicht sie sich selbst zählt. »Unterschicht«, das Wort wollten wir zunächst unbedingt vermeiden. Es klang zu brutal, fast abfällig. »Leben Sie in prekären Verhältnissen?« schien uns allerdings auch keine geeignete Frage zu sein – zu akademisch, als wäre man zu weltfremd, die Sache beim Namen zu nennen. »Also, ich bin nicht Oberschicht. Ich bin, genau wie meine Kinder, damit groß geworden, Unterschicht zu sein«, sagt Jana Kmetsch. »Wenn Menschen sagen, es gibt keine Unterschicht, da antworte ich nur: Hallo, komm mal vorbei!«

Jana Kmetsch hatte für ein paar Jahre mal das, was manche ein »geordnetes Leben« nennen. Sie war verheiratet, Hausfrau, ihr Mann verdiente gut, die Familie hatte ausreichend Geld. Die Geschichte ihres Abstiegs ist eine, die die Helfer der Sozialverbände oft hören. Es begann, als ihr Mann vor vier Jahren ging. Schon lange war die Ehe unglücklich gewesen. Jana Kmetsch sagt, sie sei froh gewesen, dass er weg war. Aber es kamen die Geldsorgen, die Überlastung, dann ein Nervenzusammenbruch. Ihr Leben drohte, komplett außer Kontrolle zu geraten. Ihr ältester Sohn Felix lebte mal bei ihrer Schwester, mal in einer Einrichtung des Jugendamtes. Erst seit kurzem ist er wieder da. Solch ein Abstieg, sagen die Helfer, geht schnell. Aber es dauert Jahre, um ein Leben wieder neu zu ordnen.

Jana Kmetsch und ihre Kinder Felix, Konstantin und Paula, elf, neun und acht Jahre alt, geben sich alle Mühe. Die drei Kinder sitzen auf dem Boden und spielen ein Würfelspiel. Die Fernsehzeit ist hier streng geregelt. Die Kinder müssen höflich sein, dem Besucher die Hand geben, »bitte« und »danke« sagen. Jana Kmetsch ist es wichtig, was andere von ihren Kindern halten. Auch Familie Kmetsch lebt vom Amt. Die vier haben knapp 1000 Euro im Monat zum Leben. Die Wohnung und die Heizkosten übernimmt das Amt direkt. Der Vater zahlt schon seit Jahren keinen Unterhalt. »Mama sagt immer, wir haben nur ganz wenig Geld«, erzählt Paula. »Und könnt ihr sie dann trösten?« »Manchmal«, antwortet Konstantin. »Wir sagen manchmal, dass wir gar kein Taschengeld wollen. Und ich hab ihr schon mal fünf Euro von meinem Geld gegeben. Sie braucht das manchmal für Lebensmittel.«

42 Prozent der Alleinerziehenden leben von Hartz IV. Damit sind alleinerziehende Mütter und Väter die Gruppe mit dem höchsten Armutsrisiko.

Quelle: Deutscher Gewerkschaftsbund (2008)

Jana Kmetsch zeigt uns ihren Terminplan: Schuldnerberatung, Familienhilfe, Therapie, Wocheneinkauf. Fast an jedem Nachmittag begleitet sie außerdem eines der Kinder irgendwohin. »Ich will jede Hilfe nutzen«, sagt sie. »Auch wenn es stressig ist.« Wir vereinbaren, dass wir sie zu den Treffen begleiten dürfen.

Jana Kmetsch hat den festen Willen, es aus der Unterschicht herauszuschaffen. Vor allem damit ihre Kinder es einmal besser haben. Wird es ihr gelingen, für sich einen Job und für die Kinder einen guten Start in die Zukunft zu organisieren?

»Guck mal, Konstantin, *munter*, das ist ein Beschreibungswort, das schreibt man klein«, mahnt Jana Kmetsch. Ihr mittlerer Sohn soll den Text noch mal überarbeiten. Es ist Freitagabend. Aber wenn es um die Hausaufgaben geht, ist Jana Kmetsch streng. Die müssen in Ordnung sein. Egal, wie spät es ist. Sie hält Kontakt zu allen Lehrern, nie verpasst sie einen Schultermin. Als Konstantin Probleme mit seiner Klassenlehrerin hat und auf die Förderschule soll, alarmiert sie die Ämter und gibt erst Ruhe, als er doch auf die Gesamtschule darf, wo er jetzt gut zurechtkommt. Und den Hobbys der Kinder soll man auf keinen Fall anmerken, dass die Familie sparen muss. Konstantin ist im Leichtathletikverein. Er ist ein guter Läufer. Paula singt im Kirchenchor. Im Herbst hat sie an einem Kinderprogramm an der Universität Bochum teilgenommen. Jana Kmetsch achtet penibel darauf, dass Felix, der oft krank ist, jeden Termin bei den Ärzten, bei der Krankengymnastik und bei der Familienhilfe einhält.

Es ist ein straffes Programm, das Jana Kmetsch organisiert – mit einem Ziel: eine bessere Zukunft für ihre Kinder. Dafür arbeitet sie. Das ist ihr Lebensinhalt. »Es ist so«, sagt sie, »bei mir, mit einem Hauptschulabschluss, da war nicht viel zu holen. Deshalb arbeite ich daran, dass die Kinder eine bessere Schulbildung haben als ich. Es ist wirklich so, dass ich sage, Realschule ist Minimum, am liebsten wäre mir Abitur, damit die halt wirklich dementsprechend auch etwas besser bezahlte Arbeiten annehmen können. Das ist das A und O, um aus dieser Schicht einfach rauszukommen.«

Parallele Einkaufswelt

Am nächsten Morgen. Jana Kmetsch zieht ihren Trolley hinter sich her. Seit eineinhalb Stunden ist sie jetzt schon unterwegs. Zu Hause hat sie die Werbeprospekte der Wattenscheider Discounter genau studiert und dann ihre Einkaufsliste entlang der Angebote erstellt. Erst dann ist sie losgezogen. Jana Kmetsch ist konsequent, auch wenn diese Art des Einkaufens Stunden dauert. Es sei die einzige Möglichkeit, mit dem Geld hinzukommen, sagt sie. »Jeder einzelne Einkauf wird vorher genau durchdacht. Ich könnte fast auf den Cent genau sagen, wie viel Geld ich in der Tasche habe.« »Und wie viel ist es?« »Sechsundzwanzig Euro und ein paar Zerquetschte«, sagt Jana Kmetsch. Davon will sie jetzt noch Winterkleidung und Schulsachen für die Kinder kaufen. Außerdem braucht ihre Tochter Paula dringend einen Schreibtisch. Ziemlich viel, wenn man nur 26 Euro einkalkuliert hat. Deshalb erledigt Jana Kmetsch solche Einkäufe schon lange nicht mehr in der Fußgängerzone oder im neuen Einkaufscenter am Marktplatz.

Auch Jana Kmetsch kann sich die Fahrkarte für die Wattenscheider Straßenbahn nicht leisten. Eine knappe halbe Stunde läuft sie bis zum sozialen Warenhaus an der Laubenstraße, die letzte Station ihrer Einkaufstour. Früher wurden hier mal Tapeten und Teppiche verkauft. Das Geschäft gibt es nicht mehr. Stattdessen ist auf 6400 Quadratmetern eine Einkaufswelt für die Armen entstanden. Vor zehn Jahren haben Ehrenamtliche hier die Wattenscheider Tafel gegründet. Sie wollten Lebensmittelspenden von Supermärkten und Einzelhändlern an die Menschen verteilen, die sich kein teures Essen leisten können. Dann kam Hartz IV. Die Menschen in Wattenscheid hatten plötzlich noch weniger Geld zur Verfügung. Immer mehr Geschäfte stehen leer, aber hier an der Laubenstraße können sie sich vor Kunden kaum retten.

Im Jahr 1999 versorgte die Wattenscheider Tafel rund 300 Menschen. Im Jahr 2009 sind es an die 8000.

418 Ehrenamtliche arbeiten inzwischen bei der Tafel. Pro Tag verteilen sie 8 bis 10 Tonnen gespendete Lebensmittel an Menschen in Wattenscheid und Umgebung. Insgesamt beliefern sie 34 Ausgabestellen.

Bundesweit versorgten 800 Tafeln im Jahr 2008 rund eine Million Menschen mit Lebensmitteln. Die Zahl der Tafeln hat sich seit der Einführung von Hartz IV vervierfacht.

Quellen: Wattenscheider Tafel, Bundesverband Tafel e. V. (2008)

Palettenweise tragen die Helfer die Brote in die große Halle, stapeln die Kisten mit dem Gemüse, bereiten die Einkaufsbeutel vor, schauen ein letztes Mal, ob alles am richtigen Platz ist. Das soziale Warenhaus ist straff organisiert, anders würde es hier auch gar nicht mehr funktionieren. 1400 Menschen werden allein an diesem Morgen kommen, um hier ihren Wocheneinkauf zu erledigen. Auf ihren Abholschein bekommen sie Einkaufszeiten zugewiesen. Von 10.10 Uhr bis 10.30 Uhr sind die einen dran, um 10.30 Uhr dürfen dann die Nächsten kaufen.

»Wir haben uns beim Takt an der Ankunftszeit der Straßenbahn orientiert«, sagt Manfred Baasner, der die Tafel vor zehn Jahren gegründet hat und uns jetzt wie der Chef eines Großkonzerns über das Gelände führt. »Da vorne ist die Näherei, hier halten wir Sprachkurse ab«, erklärt er. »Dahinten gibt es die Möbel.« Was als Sozialprojekt vor allem für Obdachlose begann, ist inzwischen eine komplette Paralleleinkaufswelt für Menschen mit wenig Geld. Sie müssen warten, bis sie dran sind. Sie bekommen nur das, was da ist. Aber sie sind trotzdem gekommen, weil sie wissen, dass sie hier für einen Euro eine große Tüte voller Brot, Gemüse und Milch bekommen.

Jana Kmetsch weiß, dass man rechtzeitig da sein muss. Kaum ist der Verkauf eröffnet, ist die große Halle schon mit Menschen gefüllt. Draußen stehen Hunderte im Regen und warten. Eine Mutter ist heute zum ersten Mal da. Ihre zwei Kinder hält sie an der Hand. Es habe sie große Überwindung gekostet, zu kommen, sagt sie, aber es sei nicht mehr anders gegangen. »Arbeitslos, die beiden Kinder zu Hause, dann noch Schulden. Das ist nicht einfach«, sagt sie. Ohne die Essenspende käme sie nicht mehr klar.

Die ehrenamtlichen Helfer berichten, dass Begegnungen wie diese seit der Einführung von Hartz IV Alltag seien. Früher seien viele Obdachlose da gewesen. Menschen, denen man die Armut ansehe. Heute kämen ganze Familien. Auch die Mutter mit den zwei Kindern wird wiederkommen. »Die sind eigentlich alle ganz nett hier«, sagt sie. »Großartig schämen muss man sich nicht.« Ihre Augen erzählen das Gegenteil. Schnell verlässt sie die Halle, um die Lebensmittel nach Hause zu bringen.

Seit Jahren streiten die Forschungsinstitute darüber, wie groß der Anteil der Kinder ist, die in Armut leben. So kamen drei Studien aus dem Jahr 2008 zu unterschiedlichen Ergebnissen. Während im Armuts- und Reichtumsbericht der Bundesregierung der Anteil der Kinder in Armut auf 12 Prozent geschätzt wird, geht das Familienministerium von 17 Prozent aus. Das Deutsche Institut für Wirtschaftsforschung schätzt den Anteil der armen Kinder auf 26 Prozent.

Quellen: Armuts- und Reichtumsbericht der Bundesregierung (2008), Studie des Familienministeriums »Armutsrisiken von Kindern und Jugendlichen in Deutschland« (2008), UNICEF-Bericht zur Lage der Kinder in Deutschland (2008)

Jana Kmetsch ist angekommen und geht an der Essenschlange vorbei direkt in die Bekleidungsabteilung. Hier sucht sie nach einer Jacke für ihren Sohn Felix. Er wird keine von einer besonders angesagten Marke bekommen, keine mit einem tollen Schnitt oder in einer Farbe, die ihm besonders gefällt. Er wird eine der Jacken tragen müssen, die in der Wattenscheider Kleiderkammer abgegeben wurden – und das sind nicht viele in seiner Größe. Jana Kmetsch entscheidet sich für einen schlichten schwarzen Winteranorak. »Ich glaube nicht, dass die Kinder meinen, dass sie Altkleider anhaben«, sagt sie. »Man sieht es ihnen auch nicht an. Meine Kinder sind sauber und ordentlich gekleidet, ohne Flecken und ohne Löcher.« Dann, die Jacke für drei Euro ist gerade eingepackt, denkt Jana Kmetsch noch einmal nach. »Manchmal hätten die drei schon gern mehr«, sagt sie. »Eine Playstation zum Beispiel. Aber die bekommen sie nicht, weil ich mir die nicht leisten kann.« Es fehlen schließlich ganz andere Dinge.

Jana Kmetschs jüngste Tochter Paula macht die Hausaufgaben immer am Küchentisch. Da kann sie sich oft nicht so gut konzentrieren. Deshalb geht Jana Kmetsch jetzt in die Möbelabteilung des sozialen Kaufhauses. Auch hier werden Spenden der Wattenscheider Bürger gesammelt. »Ihr habt nicht zufällig einen Kinderschreibtisch irgendwo?«, fragt sie. Die Verkäuferin schüttelt den Kopf. »Im Moment nicht.« Also kein Schreibtisch. Paula muss warten, bis wieder einer gespendet wird.

Jana Kmetsch geht das Angebot noch einmal durch. Ganz hinten bei den Kindersachen entdeckt sie einen Schulranzen für drei Euro und packt ihn ein. »Schnäppchen«, sagt sie. »Da muss man zugreifen.« Außerdem hat sie ein Kartenspiel gefunden, »Grusel mich« heißt es. Sie glaubt, dass es ihren Kindern gefallen wird, dass es vielleicht eine Weile vom Wunsch nach der Playstation ablenkt. »So ein Spiel macht doch viel mehr Spaß, da können wir zusammen am Küchentisch sitzen und das spielen.« Sie packt es ein und meint: »So was nenne ich Luxus. Einfach zu sagen, dieses Spiel gefällt mir jetzt, und ich nehme es mit. Ich weiß nicht, wie teuer es ist, vielleicht zwei oder drei Euro. Das ist nichts, was im Alltag lebensnotwendig ist. Das ist Luxus.«

Währenddessen sind Jessica und René Weber zurück im Amt, im Büro von Ralf Schmidt. Sie haben sich bei der Bank die Kontoauszüge des letzten Monats ausdrucken lassen. Damit sollen sie beweisen, dass sie nichts von ihrem Hartz-IV-Geld beiseitegeschafft haben. »Also, Herr Schmidt, da ist jetzt der Kontoauszug, der, den ich gerade gezogen habe«, sagt Jessica Weber. »Ja. Da ist Ihr Konto auch im Minus, das ist richtig«, antwortet Schmidt. »Ich hoffe, das reicht Ihnen jetzt, Herr Schmidt. Ich musste bei der Bank zwei Euro pro Auszug zahlen.«

Schmidt ist inzwischen gereizt. »Ja«, sagt er, »deswegen sammelt man die ja auch zu Hause, normalerweise.« Immerhin, die Kontoauszüge erfüllen ihren Zweck. Jessica und René Weber können beweisen, dass sie tatsächlich kein Geld mehr haben. Sie haben auch keine größeren Summen abgehoben und verschwendet. Sie haben es einfach nicht geschafft, ihr Geld einzuteilen, ein, zwei Euro pro Tag zu viel ausgegeben. Für Essen, fürs Kind, für Zigaretten. »So, letztmalig«, sagt Schmidt und drückt ihnen nach einem fast dreistündigen Kampf einen Einkaufsgutschein über 50 Euro in die Hand.

Inzwischen ist es Mittag. Janina schreit. Sie hat Hunger. Seit einer halben Stunde wird sie jetzt schon von ihren Eltern durch Wattenscheid geschoben. Die drei suchen einen Laden, der ihren Einkaufsgutschein annimmt. Immer mehr Geschäfte lehnen den Gutschein ab. Es ist ihnen zu umständlich, sich das Geld vom Amt zurückzuholen. »Es muss aber sein«, sagt Jessica fast entschuldigend zu uns. »Ich kann Ihnen meinen Kühlschrank zeigen. Da ist gar nichts drin.« »Wenn Sie reingucken, fangen Sie an zu heulen«, sagt René.

Endlich. Im *Lidl* wird ihr Gutschein akzeptiert. Sie laden den Einkaufswagen ganz voll. Der Einkauf mit dem Gutschein ist ihnen peinlich. Sie wollen die ganze Sache rasch hinter sich bringen und möglichst schnell wieder raus aus dem Laden. Deshalb werfen sie nur schnell viele Waren in den Wagen. Die Feuchttücher, Semmelknödel, Nudeln, Spekulatius, Eierwaffeln, Fertiggerichte. Obst und Gemüse kaufen Jessica und René Weber ganz selten. Ganz oben auf dem Einkaufswagen thront eine tiefgefrorene Sahnetorte.

Je niedriger das Einkommen, desto ungesünder ist die Ernährung. Menschen, die wenig Geld haben, essen weniger Obst und Gemüse, weniger Fisch und mehr Fleisch. Am größten sind die Unterschiede bei den Getränken. Menschen, die wenig Geld haben, trinken weniger Wasser, dafür wesentlich mehr Limonade. Die befragten Männer aus den unteren Schichten tranken im Schnitt 365 Gramm Limonade pro Tag. In der Oberschicht lag der Wert bei 95 Gramm pro Tag. Bei der Menge des Alkohols gibt es keine Unterschiede zwischen den Einkommensgruppen.

Auch das Körpergewicht ist abhängig vom sozialen Status. 74,6 Prozent der Männer und 65,5 Prozent der Frauen aus den unteren Schichten haben Übergewicht. Im Vergleich dazu wiegen 54,9 Prozent der Männer und 30,9 Prozent der Frauen aus den oberen sozialen Schichten zu viel.

Quelle: Bundesforschungsinstitut für Ernährung und Lebensmittel (2006)

»Die ist Luxus«, sagt Jessica und zeigt auf die Torte. »Die haben wir uns geleistet, weil wir von der Kasse noch mal zurückmussten in den Laden, weil die mir das Restgeld nicht auszahlen durften.« Es ist kurz vor zwei, als Jessica und René Weber Janinas Kinderwagen vom Parkplatz des Supermarkts schieben. Morgens um halb zehn waren sie aufgebrochen. Vier Stunden für drei Einkaufstüten bei Lidl. Wenn das Leben aus der Bahn geraten ist, scheint das Alltäglichste zum Kampf zu werden.

»Ich bin echt froh, dass ich jetzt eingekauft habe«, sagt Jessica. »Aber dann muss man sich an der Kasse wegen 2 Euro 79 rumstreiten. Ob sie die jetzt auszahlen darf oder nicht. Man fühlt sich schon scheiße dabei, wenn man richtig von oben bis unten gemustert wird. Die hat uns angeguckt, als ob wir sonst welche wären.« »Was heißt denn sonst welche?« »Ich kann das nicht beschreiben. Ich weiß es nicht. So von oben bis unten so herabfallend angeguckt. Und das passt mir nicht.« Dann schiebt sie Janina und zieht an René. Jessica möchte wieder nach Hause.

Erste Stunde: Brötchen schmieren

Am nächsten Morgen, kurz nach sieben. Es ist noch dunkel in Wattenscheid. Helmut Weber bereitet das vor, was er Frühstück nennt. Er kocht Kaffee und dreht eine Zigarette. Dann fährt er die Schlafcouch, auf der er übernachtet, wieder zum Sofa zusammen, legt die rote Decke darüber und schaltet den Fernseher ein. Im Frühstücksfernsehen wird gerade Deutschlands talentiertester Karaokesänger gesucht. Helmut schaut ein bisschen zu. Dann weckt er Pascal. Der setzt sich noch dazu und guckt mit. »Frühstücken Sie gar nicht?« Helmut Weber zündet die Zigarette an. »Das ist mein Frühstück«, sagt er. Pascal bekommt erst mal nichts. Er fährt meist mit leerem Magen in die Schule.

»Was esst ihr eigentlich morgens vor der Schule?«, hatte Rektor Christoph Graffweg seine Schüler schon vor einiger Zeit gefragt. Ihm war aufgefallen, dass einige während des Unterrichts kaum die Augen aufhalten konnten. »Esst ihr überhaupt vor der Schule?« Die wenigsten meldeten sich. »Das hat mich schon erschreckt«, sagt Christoph Graffweg. »Einige Schüler haben auch erzählt, dass sie sich morgens selbst den Wecker stellen, weil ihre Eltern überhaupt nicht erst aufstehen, wenn die Kinder losmüssen.« Damit seine Schüler nicht mehr im Unterricht einschlafen, weil sie seit dem letzten Abend nichts mehr gegessen haben, hat Christoph Graffweg irgendwann beim sozialen Warenhaus an der Laubenstraße angerufen. Ein Kollege hatte die Idee. Er brauche Frühstück für seine Schüler, hatte er den Leuten von der Lebensmitteltafel gesagt.

Kurz darauf fuhren seine Schüler zum ersten Mal mit einem Bollerwagen in Richtung Laubenstraße, um dort in Begleitung einer Lehrerin Brot, Joghurt, Obst und Gemüse abzuholen. Seitdem machen sie das jeden Tag. »Das Fach heißt ›Kiosk‹«, sagt Leonie, die in die vierte Klasse geht. »Wir waschen und schälen das Obst in der Schulküche und schmieren Brötchen. Die anderen ziehen durch die Klassen und nehmen Bestellungen auf. Brötchen mit Wurst? Oder mit Käse? »Und dann verteilen wir das«, erklärt Leonie und zupft sich die Krümel vom Pullover. Die Kinder wissen, dass die Lebensmittel von Supermärkten, Bäckern und Metzgern gespendet wurden. »Das Essen ist ja noch gut, und da darf man sich dann auch nicht so haben«, sagt Leonie.

Aber die Fröbelschule ist eine Ganztagsschule. Der Unterricht dauert oft bis nachmittags um vier. Da reicht das Frühstück nicht. »Viele Eltern haben ihre Kinder vom Schulmittagessen abgemeldet«, sagt Graffweg. »Die Kinder sind aber trotzdem bis halb fünf in der Schule. Und wir wundern uns, warum sie sich nicht konzentrieren können.« Christoph Graffweg erzählt, er würde es in der Schule oft erleben, dass Eltern seiner Schüler nicht in der Lage seien, das wenige Geld sinnvoll für ihre Kinder einzusetzen, weil sie nicht gelernt hätten, ihre Ausgaben zu planen. »Sie können nicht sparen. Sie können kein Geld zurücklegen, weil irgendwann ein Schulbuch zu bezahlen ist, und sie haben kein Geld vorrätig, um das Essensgeld ihrer Kinder zu bezahlen. Aber das ist kein böser Wille«, sagt Graffweg, »das ist Unfähigkeit.«

Das Problem mit dem Mittagessen haben sie in der Fröbelschule seit einiger Zeit gelöst. Christoph Graffweg hat mit den Eltern und mit dem Amt ein Abkommen geschlossen. Das Amt zahlt das Geld für das Mittagessen der Kinder direkt an die Schule und zieht den Eltern den Betrag von ihrem Hartz-Geld ab. »Alle Eltern haben die Lösung mitgetragen«, sagt Graffweg. »Keiner hat sich widersetzt. Das zeigt doch, dass den Eltern sehr wohl wichtig ist, dass ihr Kind satt wird. Ihnen fehlt aber oft die Fähigkeit, sich selbst darum zu kümmern.«

Es gibt keine Zahlen darüber, wie viele Kinder von ihren Eltern vernachlässigt werden. Das Familienministerium schätzt, dass etwa fünf bis zehn Prozent der Kleinkinder von ihren Eltern nicht ausreichend versorgt werden, das wären etwa 250 000 bis 500 000 Kinder.

28 200 Kinder und Jugendliche in Deutschland wurden im Jahr 2007 von den Jugendämtern aus ihren Familien genommen. 12,5 Prozent mehr als im Jahr zuvor.

Quelle: Bundesfamilienministerium (2008)

Christoph Graffweg steht in der Tür der großen Schulküche mit den weißen Kacheln. »Vielleicht haben die Eltern zu viel mit sich zu tun«, sagt er. »Ich glaube, in keinem anderen Land der Welt wird der Wert eines Menschen so sehr an der Arbeit, die er tut, bemessen wie in Deutschland. Gehen Sie in Belgien auf eine Geburtstagsparty – Sie können dort den ganzen Abend verbringen und wieder nach Hause gehen, ohne dass Sie jemand gefragt hat, was Sie für einen Beruf ausüben. Und bei uns? Die erste Frage ist: Und was machen Sie so?« Er könne sich das nur so erklären: »Wenn man mit sich selbst und dem, was man macht oder eben nicht macht, so arge Probleme hat, dann vernachlässigt man sogar seine Kinder. Dann ist man auch froh, wenn die irgendwie beschäftigt sind.«

Jeden Mittag bleiben jetzt fünfundvierzig Kinder zum Essen in der Schule. Danach machen sie ihre Hausaufgaben, spielen und treiben Sport. Andrea ist immer hier, Leonie aus der Vierten und Pascal Weber auch. Heute gibt es Wackelpudding. »Mit Soße oder ohne? Radi, was ist hier los?« Frank Kamelski steht mit dem Schöpflöffel hinter den Puddingschälchen und wartet, bis Radi wieder Zeit für ihn und die Vanillesoße hat. Jetzt gerade will der Junge sehen, was die anderen hinter ihm am großen Tisch so machen. So lange hat Frank Kamelski Zeit, zu reden. Das Arbeitsamt hat ihn hierher geschickt. Das Essenausteilen ist eine »Arbeitsgelegenheit mit Mehraufwandsentschädigung« (AGH-MAE). So nennt es der Gesetzgeber. Alle anderen sagen Ein-Euro-Job. Das Bundesarbeitsministerium hält den Begriff für »irreführend«, muss aber wohl akzeptieren, dass sich AGH-MAE kaum durchsetzen wird. Seit dem 1. Januar 2005 sind alle Langzeitarbeitslosen verpflichtet, gemeinnützige Jobs anzunehmen, wenn ihnen das Amt diese anbietet. Zusätzlich zu ihrem Hartz-Geld bekommen sie dafür je nach Job einen bis zwei Euro die Stunde.

»Es waren schon viele Ein-Euro-Jobber vor mir hier«, sagt Frank Kamelski. »Die haben die Arbeit dann eine Woche gemacht und sind wieder gegangen.« Die anderen hatten wenig Lust. Kamelski aber ist geblieben, obwohl er hier nur 180 Euro im Monat dazuverdient. Das ist nicht viel, aber zunächst ist das nicht das Wichtigste. Der Job in der Essenausgabe ist Teil seines neuen Lebens. Vor Jahren, sagt Frank Kamelski, habe er mal einen Bekannten getroffen, der auch lange arbeitslos war und dann wieder einen Job gefunden hat. Der habe gesagt, er würde wieder dazugehören. »Der hat da irgendwelche Reifen aufgepumpt für eine Firma. Und dann trifft man sich. Er sagt: ›Tag. Und was machst du so?‹ Ich sag: ›Ja, nix. Und du?‹ Er: ›Ja, ich gehöre wieder dazu.‹« Kamelski habe sich immer gefragt, was er damit wohl meine, wenn er sagt: »Ich gehöre wieder dazu.« »Nach einer Woche in der Fröbelschule bin ich dann auch nach Hause gekommen und habe zu meiner Freundin gesagt: ›Hör mal, Annette, ich gehöre wieder dazu.‹«

Dabei war Frank Kamelski schon fast endgültig raus. Bis vor zwei Jahren hat er getrunken. Einmal so viel, dass er ins Krankenhaus musste. »Ab da ging es so peu a peu aufwärts«, sagt er. Er machte einen Entzug. Er lernte seine Freundin Annette kennen und zog mit ihr und ihrem Kind zusammen. Henri, ihr gemeinsamer Sohn, wurde geboren. Und jetzt noch der Job, der Ein-Euro-Job. »Das ist schon schön, wenn man hier über den Schulhof kommt und die Kinder machen die Fenster auf und rufen: ›Frank!‹ Und das Beste ist wirklich, dass ich abends, wenn ich schlafen gehe, weiß, dass ich am nächsten Morgen was zu tun habe.«

Es ist fast drei Uhr am Nachmittag. Bei Jessica und René Weber soll es gleich Mittag geben. »Ich mach schnell Nudeln«, sagt René. Er geht in die Kochecke, die an das Wohnzimmer grenzt, und setzt Wasser auf. Jessica stellt die Teller neben den Topf. Alles ist vorbereitet. – Eine Viertelstunde später. »Maus«, sagt René, »kommst du bitte her?« Jessica soll ihm helfen, die Nudeln auf die Teller zu laden. Sie hält Gabel und Löffel in den Topf, er hält den Teller. Es gelingt nicht. René flucht, lässt alles fallen. »Was soll das? Ich halt dir doch den Teller fest, Jessica. Erzähl mir doch keinen.« »Boah, René!«, sagt Jessica. »Wir brauchen eine Spaghettizange.« »Eine Spaghettizange?«, fragt René entgeistert. »Ich kenn keinen, der so etwas hat.« Sie probieren weiter, aber die Nudeln bleiben im Topf. »Geh weg«, sagt Jessica schließlich und schubst ihn beiseite. »Es geht nicht«, sagt René. »Und deswegen koche ich keine Spaghetti.«

»Immer gibt es Streit«, sagt Jessica, »immer wieder, um alles.« Janina sitzt im Wohnzimmer auf dem Boden. Sie schreit. Sie wirft ihren Plastikteller durch den Raum. Sie hält ihren kleinen Kopf vor den Fernseher. René sitzt wieder auf dem Sofa und raucht. Helmut Weber ist auch wieder da. Es sei gut, dass er im selben Haus wohne, meint er. So könne er seinem Sohn bei der Kindererziehung ein bisschen helfen. »Wie helfen Sie da?« »Also, mehr oder weniger Rat und Tat«, sagt Helmut Weber. »Aber ich sage mal so: Das klappt hier eigentlich bis jetzt immer alles so ganz gut«, meint René. »Allzu viel Tipps brauche ich dafür auch nicht.« »Mittagsschlaf«, sagt Jessica. »Sie braucht ihren Mittagsschlaf.« Sie nimmt Janina auf den Arm und trägt sie in ihr Kinderbett. »Das haben wir von der Kirche«, sagt Jessica. »Der Pfarrer war nett.« Er habe gefragt, ob Janina nicht getauft werden solle, und er hat sie zum Kindergottesdienst eingeladen. »Und? Werden Sie hingehen?« Jessica nickt. »Die Janina«, sagt sie, »die muss mal dringend raus hier. Ich will, dass sie es gut hat.«

Jessica sitzt noch lange neben dem Bett. »Wenn sich keiner um ein Kind kümmert, dann wird daraus nichts. Das sieht man ja bei mir.« »Hat Ihnen jemand gefehlt, der hilft?« »Freilich. Bei mir hat nie jemand geholfen. Im Gegenteil, wenn ich was falsch gemacht habe, habe ich noch eine gekriegt.« »Und das wollen Sie bei Janina jetzt ändern?« Jessica nickt. »Ja«, sagt sie, »ich schaffe das schon. Was meine Eltern bei mir nicht geschafft haben, schaffe ich bei meinem Kind. Ganz einfach.« Janina will noch nicht schlafen. Sie zieht sich an den Stangen des Gitterbettchens hoch. »Das ist jetzt kein Spaß mehr, Janina«, sagt Jessica. »Jetzt wird geschlafen.«

Angst vor dem Wochenende?

Leonie sitzt im Essraum der Fröbelschule und löffelt ihren Wackelpudding. Sie isst immer hier zu Mittag und bleibt dann bis zum Schluss. Das entlastet ihre Mutter, die oft krank ist. Leonie ist gerade elf Jahre alt geworden und geht in die vierte Klasse der Fröbelschule. Bis vor einem Jahr war sie auf einer normalen Grundschule. Sie habe nicht so gut lernen können, sagt Leonie. Deshalb sei sie jetzt hier. Sie hat große braune Augen, kinnlange dunkle Haare und lacht oft. Auch wenn sie müde ist, so wie heute. »Schmeckt es?«, fragt Frank Kamelski noch mal. »Ja«, sagt Leonie. »Wie geht's, Frank?«, fragt Dustin, der auch in die vierte Klasse geht. »Gut«, sagt Frank Kamelski, »wie immer.« »Und«,

fragt Dustin, »was hast du am Wochenende gemacht, Frank?«
»Ich musste auf meine Kinder aufpassen. Und du, Leonie, was
hast du am Wochenende gemacht?« »Ich war bei meinen Neffen«, sagt Leonie. Ihre große Schwester hat fünf Kinder, da fasst
Leonie mit an. »Gestern war meine Schwester weg«, erzählt sie.
»Da sind die mitten in der Nacht wach geworden. Dann musste
ich aufstehen. Mitten in der Nacht. Ich gebe denen dann wieder
die Flasche, und dann schlafen die weiter.« Leonie und Dustin
sind gerne hier. »Frank gibt uns Essen und spielt mit uns«, sagt
Dustin. »Hier sind viele nette Betreuer, und das Essen schmeckt.«
»Und was ist, wenn es wieder nach Hause geht?« »Das finde ich
schade«, sagt Dustin. »Ich auch«, sagt Leonie.

Über die Hälfte der armen Kinder erhält bis zum Ende der
Grundschulzeit keinerlei Förderangebote wie Hausaufgaben-
hilfe oder Nachmittagsbetreuung. Der Staat hat die Ausgaben
für Erziehungsberatung in den letzten fünf Jahren um
zehn Prozent gekürzt. Im Bereich der Jugendarbeit wurden
zwischen 1998 und 2006 40 Prozent der Stellen eingespart.

Quelle: Frankfurter Institut für Sozialpädagogik (2008)

Frank Kamelski sagt, dass die Kinder nur selten von den Problemen erzählen, die sie mit ihren Eltern haben. »Die sind sehr loyal
zu ihrem Zuhause«, sagt er. »Wäre ja auch ein Ding, wenn es
nicht so wäre.« Aber meistens sei es auch gar nicht nötig, dass
die Kinder viel reden. Wenn sie aufgewühlt seien, spüre man das
sowieso. »Ohne den Eltern zu nahe treten zu wollen – ich merke
das zum Wochenende hin. Also, der Freitag ist einer der stres-
sigsten Tage hier. Und meine Theorie ist halt: Wenn ich irgendwo nicht hinmöchte, dann benehme ich mich auch irgendwie

anders. Oder falle halt auf.« So sei das zumindest bei ihm gewesen, als er klein war. Und er habe die Befürchtung, dass viele Kinder am Freitag so nervös seien, weil sie wüssten, dass sie das Wochenende zu Hause verbringen müssten. »Das finde ich persönlich sehr schlimm«, sagt er.

Leonie hat noch ein bisschen nachgedacht. Sie meint, es sei doch gut, nachmittags nach Hause zu können. »Wir können ja nicht die ganze Nacht hier in der Schule bleiben«, sagt sie. »Und hier schlafen. Jeder auf einem Tisch. Das wird auch eng.«

Leonie nimmt uns mit zu sich nach Hause. Ihre Eltern haben sich getrennt. Sie lebt allein mit ihrer Mutter. Ihre Mutter hat nie eine Ausbildung gemacht. Nach der Schule hat sie sofort als ungelernte Arbeiterin in der Fabrik angefangen. Inzwischen leben sie und ihre Tochter von Hartz IV. In der Wohnung der beiden ist es dunkel. Schon seit Tagen ist das Licht kaputt. »Sehr dunkel ist es«, sagt ihre Mutter. »Die Lampe ist durchgebrannt, und ich bin kein Fachmann. Bei uns macht Leonie das alles mit der Technik. Ich bin dazu nicht in der Lage.« »Schon klar«, sagt Leonie, »weil du mir zu Weihnachten einen Werkzeugkasten geschenkt hast.« Leonies Mutter verspricht, dass alles besser werden wird, wenn sie eines Tages wieder gesund ist. Vielleicht könne sie dann auch wieder arbeiten gehen. Im Moment, sagt sie, gehe das gar nicht. Sie habe schon lange Probleme mit einem Magengeschwür und fühle sich oft nicht gut. »Der Arzt hat ja auch zu mir gesagt, ich soll ihr viel helfen«, sagt Leonie.

Die Mutter ist krank, der Schwester hilft sie mit den kleinen Neffen. Muss man schneller erwachsen werden, wenn die Eltern wenig Geld haben?

»Hast du auch manchmal Angst, Leonie?« »Ja, wenn meine Mutter ins Krankenhaus geht. Das letzte Mal war es ja mitten in der Nacht. Da hatte ich Riesenangst. Da hatte ich Zitterfrost und alles.« »Was machst du dann? Mit wem redest du?« »Mit gar keinem, ich lege mich dann wieder ins Bett, und vor Heulen schlafe ich manchmal ein. Oder ich nehme ein Foto, und dann schlafe ich besser.«

Wenn Leonie einsam ist, spielt sie oft mit Schnucki, ihrer Hamsterdame. Dann üben sie Kunststücke ein. Eins will Leonie uns heute zeigen. Sie hält ein Armband vor Schnuckis Pfoten und sagt: »Geh hier durch. Komm, geh hier durch!« Die Hamsterdame mag den Fremden ihr Können nicht vorführen. »Die ist wohl müde«, sagt Leonie ein wenig enttäuscht. »Aber manchmal macht sie ihre Kunststücke. Sie kann sogar durch eine Tesafilmrolle gehen!« Außerdem ist Schnucki immer da. Eine echte Freundin. In der Schule hat sie kaum welche. Wenn Leonie jemanden zum Reden braucht, öffnet sie einfach die Käfigtür. »Ich habe manchmal Kummer«, sagt sie. »Und dann erzähle ich ihr das.«

Am nächsten Morgen. Zum ersten Mal treffen wir Jessica Weber und Janina allein, ohne René. Jessica schiebt den Kinderwagen gehetzt die Bochumer Straße entlang. »Es hat ewig gedauert, bis der mich hat gehen lassen«, sagt sie. Jessica Weber hat einen Entschluss gefasst. Sie will dafür sorgen, dass Janina raus aus der Wohnung kommt; dass sie etwas anderes sieht als den Fernseher und die Eltern, die so oft streiten. Jessica Weber will versuchen, für Janina einen Platz in einem evangelischen Kindergarten zu bekommen. Heute hat sie einen Besichtigungstermin. »Ich hab mir überlegt, dass es vielleicht gut ist, wenn die Janina dahin geht. Dann hat sie ihre Beschäftigung, und ich kann dann auch mal wieder etwas Nützliches machen.«

»Da ist die Ballecke«, sagt die Kindergärtnerin. »Hier vorn schlafen die ganz Kleinen, dahinten können sie essen. Und da vorne im Flur hängen alle ihre Jacken hin.« Jessica schiebt Janina im Wagen durch den Kindergarten. Überall Spielzeug, Bilder, bunte Farben. Draußen ist ein Garten, der um das ganze Haus geht. Kinder in Gummistiefeln rennen über die Wiese. »Gell, das ist schön, Janina, oder?«, sagt Jessica. »Und auch für mich wäre es gut, vielleicht würd' ich dann doch eine Arbeit finden.« So wie jetzt, sagt Jessica Weber, könne es einfach nicht weitergehen. Gerade wegen Janina. »Wenn die von mir mitkriegt, dass ich den ganzen Tag zu Hause sitze und vielleicht nur den Haushalt mache und dann gar nichts mehr, wird sie bestimmt nachher auch so. Eltern sind immer Vorbilder für die Kinder, ob gut oder schlecht. Und ich, ich möchte ein gutes sein.«

Am liebsten würde Jessica Weber Janina sofort dalassen. Aber im Kindergarten ist erst ab dem nächsten Jahr ein Platz frei. Hingehen und sofort anmelden, das funktioniert nicht. Es gibt eine lange Warteliste. Außerdem muss Jessica Weber sich ja noch mit René absprechen. Der war skeptisch, was die Idee mit dem Kindergarten angeht. »Das wird werden«, sagt Jessica Weber plötzlich ganz zuversichtlich. »Glauben Sie denn, Sie können das durchsetzen in der Familie?« »Ich?«, fragt Jessica. »Ich kann mich durchsetzen.«

2007 hatten nur 8,2 Prozent der unter Dreijährigen in Wattenscheid einen Betreuungsplatz. Bundesweit hatten rund 16 Prozent der Kinder unter drei Jahren einen Platz.

Die Wahrscheinlichkeit, dass ein Kind, dessen Eltern einen Hauptschulabschluss haben, später auf das Gymnasium kommt, steigt durch den Besuch einer Kindertagesstätte um 83 Prozent.

Quellen: Sozialbericht Stadt Bochum (2008), Bertelsmannstiftung (2008)

Nullplan

Dass Jessica Weber es ernst meint, beweist sie schon am nächsten Sonntag. Der Pfarrer hat sie und Janina eingeladen, zum Kindergottesdienst der evangelischen Kirche zu kommen. Er hat gehofft, dass sie die Einladung annehmen würden, es aber kaum geglaubt, da sich die Webers bisher meist geweigert haben, auf Hilfsangebote einzugehen. Doch heute stehen René, Jessica und Janina Weber um Punkt zehn Uhr im Foyer der kleinen Kirche. Es gibt Tee und Kaffee, und während die größeren Kinder Geschichten hören, dürfen die kleineren in den Spieleraum. Die anderen Kinder stapeln Klötze, rollen Bälle, malen Bilder. Nur Janina mag erst nicht. Sie bleibt auf Jessicas Schoß sitzen. Ganz am Rand des Elternkreises. Dorthin haben sich ihre Eltern zurückgezogen.

Jessica und René Weber sitzen blass und stumm auf ihren Stühlen und lauschen den Gesprächen. Es geht um Sonntagsausflüge und Winterjacken. Dazu können sie nichts beitragen. Dann reden die Frauen darüber, wie spät die Väter oft von der Arbeit nach Hause kommen und wie sehr sich die Kinder dann freuen. Auch bei diesem Thema schweigen René und Jessica Weber. Zu Beginn ging es auch um sie, um die Neuankömmlinge. Da wollten die anderen Frauen viel über Janina wissen. »Steht Ihre Tochter schon selbst?«, fragten sie. »Warum waren Sie noch nie mit ihr da?«, »Werden Sie jetzt häufiger kommen?« Jessica Weber hatte uns gesagt, auch wenn ihr dort die Decke auf den Kopf falle, am sichersten fühle sie sich in ihrer Wohnung. Rauszugehen, gar einen Termin wie diesen wahrzunehmen, das koste sie viel Überwindung, meist zu viel.

Plötzlich begreifen wir ein wenig, warum. Es ist ein Schritt in eine andere Welt. Vermutlich lebt keiner hier im Raum von 351 Euro im Monat, vermutlich kennt keiner der anderen Eltern ein Gefängnis von innen, und vermutlich haben sie auch noch nie ihren Sachbearbeiter im Amt um einen 50-Euro-Essensgutschein anbetteln müssen. Und wir begreifen auch, was Jessica Weber meinte, als sie sagte, im Supermarkt habe man sie angeguckt, als wären sie »sonst welche«. Auch hier, im Kreise der Eltern, gibt es einige, die die Neulinge unverhohlen mustern. Jessica Weber hat Magenschmerzen. Sie geht raus auf den Gang, zur Toilette, ein wenig Luft schnappen. Als sie wiederkommt, setzt sie Janina kurz entschlossen auf den Boden zu dem Spielzeug. Janina schaut und greift dann nach einem großen Brett, auf das ein dicker Draht montiert ist. Konzentriert schiebt sie Holzklötze den Draht entlang. Immer hin und her. Sie ist ganz versunken und bleibt es auch, als sich Jessica wieder zurück zu René in den Kreis setzt. »Schau, wie schön sie spielt«, sagt sie. »Sie kann das gut«, meint René, »mit den Klötzen.« In der nächsten Viertelstunde schauen René und Jessica Weber ihrer Tochter beim Spielen zu und scheinen die anderen Eltern vergessen zu haben.

»Kommen Sie mit zum Abschlussgebet?«, fragt eine der Mütter. »Eltern und Kinder beten da zusammen. Wir treffen uns dazu mit den Eltern der größeren Kinder in der Kirche im großen Gebetskreis.« Sofort ist Jessica Weber wieder verunsichert. Aber schließlich nimmt sie Janina und geht hinterher. René bleibt zurück. Reihum soll jeder Gott darum bitten, ihm einen Wunsch für die nächste Woche zu erfüllen. »Also, ich bete dafür, dass ich in der Arbeit eine gute Note habe«, sagt ein Kind. »Also, wir beide«, sagt die Mutter, die mit ihrem Sohn neben Jessica sitzt, »beten dafür, dass es nächste Woche schönes Wetter gibt und dass all unsere Wünsche erhört werden.« Jetzt sind Jessica und Janina dran. »Ach so, gut.« Jessica zögert. Dann sagt sie: »Und wir beten dafür, dass nicht mehr so viel Armut auf der Welt herrscht.«

Später kommt Pfarrer Frank Dressler noch einmal zu den beiden. Er freue sich, dass sie der Einladung gefolgt seien, sagt er. Er schlägt ihnen vor, in der nächsten Woche wiederzukommen. Jessica Weber bedankt sich. Zusagen will sie aber noch nicht. »Ich plane, wenn ich vorausplane, nicht länger als drei, vier Tage, alles andere habe ich mir abgewöhnt.« »Das heißt, so eine Woche ist für Sie ein Zeitraum, der schon jenseits der Planbarkeit liegt?«, fragt Frank Dressler. »Ja«, sagt Jessica. »So lange plane ich nicht. Das geht nicht.« »Und wenn Sie mal überlegen, wie es in fünf Jahren aussehen soll?« »Das weiß ich nicht«, sagt Jessica Weber. »Was in fünf Jahren ist, weiß ich nicht. Ich plane nicht mehr im Voraus. Ich habe es die ganze Zeit gemacht, und es hat nicht so hingehauen, wie ich es geplant hatte. Nee, wirklich nicht.« »Haben Sie denn Wünsche oder Träume für die Zukunft?« »Die habe ich schon lange zurückgesteckt«, sagt Jessica. »Nee, also Wünsche, Träume. Klar, manchmal wünscht man sich was.« »Was denn?«, fragt Dressler. »Dass halt die finanziellen Nöte nicht so sind. Und am meisten wünsche ich mir natürlich, dass es meinem Kind gutgeht.« Dann bricht sie ab. Und weint.

Jana Kmetsch ist nervös. Sie hat lange überlegt, ob sie uns erlauben sollte, zu diesem Termin mitzukommen. Erst am Vorabend hat sie angerufen und gesagt: »Morgen um zehn Uhr ist das Gespräch. Wenn ihr wollt, dann seid dann da.« Wir passen kaum in das kleine Büro der Schuldnerberatung in Wattenscheid, denn Jana Kmetsch hat auch ihre Betreuerin von der Familienhilfe gebeten, sie zu begleiten und ihr während des Vormittags nicht von der Seite zu weichen. Die Familienhelferin soll kontrollieren, ob alles mit rechten Dingen zugeht. Jana Kmetsch ist seit Jahren überschuldet. »Durch meinen Mann, durch die Ehe«, sagt sie, als wir nach den Gründen fragen. »Das ist eigentlich von einer Schuld, die ehemals vielleicht mal tausend Euro war, heute auf fünftausend Euro gestiegen.« »Von tausend auf fünftausend Euro?« »Ja, das ist so«, sagt Jana Kmetsch. »Wenn man sich da nicht früh genug drum kümmert, ist es so, dass die Zinsen explodieren. Und das ist das, was die Leute eigentlich viel mehr in die Bredouille bringt als jetzt die Schulden selber.« »Ist das sehr viel für Sie, diese fünftausend Euro?« »Ja, das ist viel Geld«, sagt Jana Kmetsch. »Wenn man bedenkt, dass ich so Pi mal Daumen fünfzig Euro in der Woche habe, um einkaufen zu gehen, ist fünftausend eine ganze Menge.«

Jana Kmetsch will heute nach langem Zögern ihre Privatinsolvenz anmelden. Die Privatinsolvenz ist ein persönlicher Offenbarungseid. Eine Privatperson kann so offiziell erklären, dass sie pleite ist. Jana Kmetschs Helfer bei der Familienhilfe und ihre Therapeuten haben ihr dazu geraten. Es sei vermutlich die einzige Möglichkeit, irgendwann einmal schuldenfrei zu leben, haben sie gesagt, die Chance auf eine bessere Zukunft. Private Insolvenz, bei der Schuldnerberatung erklärt, vom Gericht bestätigt.

Zuerst prüft die Schuldnerberaterin, ob bei Jana Kmetsch noch irgendetwas zu holen ist. »Ich muss dafür schauen, ob bei Ihnen etwas zu vollstrecken ist«, erklärt sie. »Wertvolle Möbel, Wohneinrichtungsgegenstände, ausstehender Arbeitslohn oder so etwas?« »Nein«, sagt Jana Kmetsch. »Grundstücke? Eigentumswohnungen?« »Nein«, sagt Jana Kmetsch wieder. »Aktien? Wertpapiere?« Jana Kmetsch schüttelt den Kopf. »Urheberrechte?« »Nein.« »Zinseinkünfte?« »Nein«, sagt Jana Kmetsch noch einmal. »Unterhaltszahlungen? Renten?« »Nein, nein.« »Gut«, sagt die Beraterin. »Ist denn in der letzten Zeit versucht worden, bei Ihnen die Schuld zu vollstrecken?« »Nein.« »Sie haben nichts pfändbar«, stellt die Beraterin fest. »Umgangssprachlich nennen wir das Nullplan.« Nullplan. Das heißt, bei Jana Kmetsch ist tatsächlich nichts mehr zu holen.

Jana Kmetsch unterschreibt das Formular. In den nächsten sechs Jahren muss sie nun jeden Euro abgeben, der über das Existenzminimum, also über Hartz IV, hinausgeht. »Sechsjährige Wohlverhaltensphase« nennt das der Gesetzgeber. Danach wäre sie die Schulden los. »Es liegt jetzt in Ihrer Hand«, sagt die Beraterin. »Das ist eine sehr weitreichende Entscheidung, wozu Sie sich entschlossen haben, und Sie müssen da schon erheblich mitwirken, dass es zum Erfolg wird.« »Ja«, sagt Jana Kmetsch zum ersten Mal an diesem Vormittag. »Ja, das ist mir schon klar.« Solange sie arbeitslos bleibt, ist alles beim Alten. Wenn sie einen Job fände, müsste sie aber von da an einen großen Teil ihres Einkommens abtreten.

Die weiße Grundierung ist schon fertig. Sorgfältig malt Jana Kmetsch jetzt braune Punkte auf den Hundekörper. Gestern, nachdem sie die Insolvenz angemeldet hatte, wollte sie nicht mehr reden, sondern lieber direkt nach Hause. »Wir können uns morgen bei der Arbeitstherapie treffen«, sagte sie. Seit einem Jahr geht sie vormittags in das Therapiezentrum in der Wattenscheider Innenstadt. Heute bemalt die Gruppe kleine Holzhunde. »Die kannst du so auf die Tür oder so setzen«, erklärt Jana Kmetsch. »Oder auf ein Regal. Das sind Kantenhocker.« »Und was lernen Sie dabei?« »Ich lerne, mich zu beschäftigen, mich sinnvoll zu beschäftigen«, sagt Jana Kmetsch. »Was würden Sie denn sonst machen, wenn Sie jetzt nicht hier wären?« »Das wüsste ich jetzt nicht, keine Ahnung«, sagt sie. »Ich habe immer Stress«, hatte sie uns zu Beginn gesagt. Ihr Leben sei randvoll, meint sie jetzt. Auch ohne Arbeit. Aber wird es denn gelingen, irgendwann wieder vollständig ins Leben zurückzukehren? In ein Leben mit Arbeit, mit eigenem Einkommen?

Die Therapie bereite sie darauf vor, sagt Jana Kmetsch und grundiert den nächsten Hunderohling. »Ich denke mal, als Verkäuferin oder bei einer Kassentätigkeit, da muss man schon stundenlang konzentriert arbeiten können. Und darauf zielt das alles hier eigentlich ab. Sonst würde ich mir sagen, wozu mache ich denn die ganzen Sachen?« Jana Kmetsch legt den Pinsel zur Seite und sagt: »Es ist alles eine Vorbereitung für mich, wieder irgendwann arbeiten zu gehen.« »Wann werden Sie denn so weit sein?« Jana Kmetsch überlegt. »Das ist etwas«, sagt sie dann, »wo ich mir selber nicht den Druck machen möchte. Ich möchte nicht sagen: In zwei Jahren muss ich jetzt aber auf dem Arbeitsmarkt sein, weil ich weiß, dass das für mich ganz derbe nach hinten losgeht.« Ihr Leben funktioniere im Moment nur in der geschützten Welt, die sie gemeinsam mit den Hilfeeinrichtungen erschaffen hat. In die reale Welt kann oder will Jana Kmetsch noch nicht zurückkehren. »Dann kann ich alles, was ich mir bisher erarbeitet habe, ganz schnell wieder verlieren, und das ist dann, glaube ich, nicht das Ziel der Sache.« »Und was meinen Sie, wann denn ein Leben mit Arbeit wieder möglich sein wird?« »Ich gehe da von Jahren aus«, sagt Jana Kmetsch. »Also, mindestens noch vier oder fünf Jahre, die ich jetzt zu Hause bleiben muss.«

Inzwischen hat Frank Kamelski an der Fröbelschule Feierabend. Jetzt hat er Zeit, sich um die eigenen Kinder zu kümmern. Sie sitzen im Wohnzimmer und spielen *Die Siedler von
Catan*. »Ihr beide kriegt Harz«, sagt Jason, lacht und teilt die
Karten aus. Auf der Karte ist zwar Erz, aber Jason kennt sich mit
Harz besser aus. Schließlich heißt so auch das Geld vom Amt,
von dem die Familie lebt. 180 Euro verdient Frank Kamelski als
Ein-Euro-Jobber in der Fröbelschule dazu. Seine Freundin Annette arbeitet am Wochenende manchmal in der Videothek. Sie
hat einen Minijob und verdient so um die 100 Euro im Monat.
Ansonsten leben die Kamelskis vom Staat.

6,8 Millionen Minijobber gibt es 2008.

92 Prozent aller Minijobber arbeiten für Niedriglöhne.

2 Millionen Menschen haben einen Minijob zusätzlich zu ihrem
Hauptberuf.

Quellen: Bericht der Minijob-Zentrale, Bundesagentur für Arbeit (2008)

Sie haben nicht mehr als die Kmetschs oder die Webers. »Würden Sie denn sagen, Sie sind Unterschicht?« Frank Kamelski
schaut, zögert. Aber Annette sagt sofort: »Nein, auf keinen Fall.«
»Was ist das für Sie, Unterschicht?« »Unterschicht«, sagt Annette, »sind halt die Menschen, die sich darauf ausruhen.« So
wie er vor ein paar Jahren, sagt Frank Kamelski. »Da habe ich gesagt: Das ist doch klasse. Du kriegst dein Geld vom Amt, die
Miete auch, und was willst du mehr? Dreihundert Euro reichen
doch zum Leben.« Aber wem das nicht reiche, der müsse etwas
ändern, sagt Annette. »Und uns hat das eben nicht gereicht.«

ARBEIT

Helmut Weber hat eine Einladung bekommen. Sein Arbeitsvermittler Thomas Stark möchte sich noch einmal mit ihm treffen. »Die sagen, sie haben jetzt Stellenangebote für mich«, sagt Helmut Weber.

Ist das die Aussicht auf einen neuen Job? Die Chance, dass doch alles besser wird? Wir begleiten Helmut Weber wieder zum Amt. Gerade wird der Flur im dritten Stock renoviert. Ein Handwerker lackiert die Türrahmen. Maler und Lackierer. Das hat Helmut Weber auch mal gemacht. »Setzen Sie sich, Herr Weber«, sagt Thomas Stark. »Ich habe hier was als Malerhelfer. Da muss doch was zu machen sein.« »Darf ich ja gar nicht mehr«, sagt Helmut Weber. »Dürfen Sie nicht?«, fragt Stark. »Warum?« »Ja, erst mal darf ich nicht heben. Allein so ein Eimer Farbe ist schon zu schwer. Darf ich nicht.« »Ja«, sagt Stark, »wenn Sie die schweren Eimer nehmen, aber es gibt ja auch die Farbtöpfe. Da bestehen keine Möglichkeiten, meinen Sie?« »Weiß nicht«, sagt Helmut Weber, »ob ich das überhaupt noch durchstehe.« »Wo ist das Problem?«, fragt Stark. »Ja, ich habe ja nicht nur die Bandscheibenvorfälle. Die Arthrose, die wird immer schlimmer. In den Fingerspitzen, in den Fußspitzen. Damit fängt es ja an. Ich darf nicht lange stehen, nicht lange sitzen, nicht lange laufen.« »Aber in Ihrem Beruf haben Sie doch ständig wechselnde Tätigkeiten«, sagt Thomas Stark. »Ich sehe das ja gerade hier draußen. Da ist ein Maler. Der ist einmal im Knien und einmal im Stehen tätig. Von daher wäre das schon möglich. Ich habe auch im Vorfeld Stellen für Maler und Lackierer rausgesucht«, sagt Stark und reicht Helmut Weber zwei ausgedruckte Stellenanzeigen über den Tisch. »Sie können sich ja da mal erkundigen.

Das sind Zeitarbeitsfirmen.« »Also Seelenverkäufer«, sagt Helmut Weber. »Ja«, sagt Thomas Stark. »Aber Sie bekommen ja Arbeit, und darum geht es doch. Sie müssen arbeiten. Sie können nicht nur Geld von uns verdienen.« »Das ist richtig«, sagt Helmut Weber. »Aber bis jetzt, wenn ich so einen Seelenverkäufer hatte, bin ich nur meinem Geld hinterhergelaufen. Das war wirklich so.« »Bemühen Sie sich denn selbst um Arbeit?«, will Thomas Stark wissen. »Haben Sie schon mal Bewerbungen geschrieben?« »Nee. Bewerbungen geschrieben nicht. Aber das ist so: Mich will ja keiner. Das ist das Problem. Jetzt kommt noch das Alter dazu, zweiundfünfzig. Wer möchte das?« »Sie sind verpflichtet, auch Tätigkeiten auszuüben und nicht nur Gelder zu kassieren«, sagt Thomas Stark. »Sie müssen, sage ich mal auf Deutsch, dafür auch was leisten. Da habe ich eine Arbeitsgelegenheit, die ich Ihnen anbieten kann. Das sind diese sogenannten Ein-Euro-Jobs, und das ist ja auch kein schlechtes Geld.« Wieder reicht Thomas Stark einen Zettel über den Tisch. »Ja, sicher«, sagt Helmut Weber. »Sicher ist es schon Geld. Aber ich weiß nicht. Das ist doch alles ein Armutszeugnis, oder nicht?« »Ich kann keine Stellen zaubern«, sagt Stark. »Nein, nein«, sagt Helmut Weber beschwichtigend. »Sie können da gar nichts für. Das ist mir schon klar. Das brauchen wir gar nicht weiter zu diskutieren.« »Ich kann nur das Beste versuchen«, sagt Thomas Stark.

Draußen im Flur fragen wir Helmut Weber, ob er sich denn freuen würde, wenn es doch noch mit einer Stelle klappen könnte. »Würden Sie gern arbeiten?« »Ja, wenn das alles so einfach wäre, würde ich das, klar, aber wer will mich noch mit zweiundfünfzig?« Er zeigt auf die Stellenanzeigen, die Thomas Stark ihm gegeben hat. »Da steht zwar immer ›Alter: egal‹, aber was ist denn, wenn ich zum Arzt muss? Oder ich komme morgens nicht mehr hoch – was soll ich denn da machen?« »Und die, die arbeiten gehen, bezahlen die nicht für Sie?« »Das ist doch Quatsch, wieso bezahlt das ein anderer? Dafür habe ich doch selber eingezahlt. Ich habe doch vorher gearbeitet und nicht schlecht verdient.« Helmut Weber wird sich auf keine der Stellenanzeigen bewerben. Am Ende des Gesprächs hat ihm sein Vermittler Thomas Stark noch einen Tipp gegeben. Helmut Weber soll doch versuchen, einen Schwerbehindertenausweis zu bekommen. Dann könne er besonders anstrengende Arbeiten ablehnen. Helmut Weber will das probieren. Wenn es klappt, wäre Thomas Stark nicht mehr zuständig für ihn. Vor dem nächsten Termin hat der Vermittler noch ein wenig Zeit für uns. »Was tue ich hier? Ich verwalte die Arbeitslosen vielfach nur«, sagt er.

Nach mehreren Wochen in Wattenscheid haben wir den Eindruck, als hätten die Menschen, die wir getroffen haben, akzeptiert, dass sie ein Leben ohne Arbeit leben werden. Ich finde nichts, sagt Volker Hoppe nach zweihundert Bewerbungen, ich bin noch nicht so weit, sagt Jana Kmetsch, ich kann nicht mehr, sagt Helmut Weber. Sie alle leben in Deutschland ganz unten – ohne Arbeit. Ist allein Arbeit der Schlüssel zum Aufstieg?

43 Cent

Die Tachonadel steht bei siebzig Stundenkilometern, als Heidemarie Danzer die Nachricht über die neuen Arbeitslosenzahlen im Radio hört. Sie ist auf dem Weg zu ihrem nächsten Kunden. Heidemarie Danzer fährt Essen für Senioren aus, und sie ist mal wieder deutlich zu schnell. Im Radio ist von konjktureller Belebung, von positiven Trends die Rede. Das sei auch das Ergebnis der Hartz-Reformen. Ein großer Erfolg, lobt sich die Bundesregierung.

»Na prima!«, meint Heidemarie Danzer. »Was nützt es, wenn ein paar Leute mehr Arbeit haben, aber immer mehr Menschen von ihrer Arbeit nicht leben können?« Auch ihr geht das so. Heidemarie Danzer ist siebenundfünfzig Jahre alt. Sie ist klein, hager, hat rotgefärbte Haare und dunkel geschminkte Augen. Früher hat sie mal als Laborantin bei *Schering* gearbeitet, heute gehört sie zum großen Heer der Billigarbeiter. Im Fachjargon nennt man das »prekäre Beschäftigungsverhältnisse«. Das hört sich deutlich harmloser an, als es ist.

6,5 Millionen Menschen arbeiten im Niedriglohnbereich. Das sind 22 Prozent aller Beschäftigten. 43 Prozent mehr als 1995.

In keinem anderen EU-Land arbeiten mittlerweile so viele Menschen für Niedriglöhne wie in Deutschland.

Quelle: Institut für Arbeit und Qualifikation (2008)

Plötzlich springt die Ampel auf Rot, Heidemarie Danzer überlegt einen kurzen Moment und tritt dann aufs Gas. Sie flucht und schaut in den Rückspiegel, keine Polizeistreife hat es gesehen. Es ist mal wieder gutgegangen. Meist rast sie am Rande der Legalität. Bremsen kostet nicht nur Zeit, es kostet Geld. Das hat sie in ihrem Job als Menübotin sehr schnell gelernt, denn sie wird nicht nach Stunden, sondern nach gelieferten Essen bezahlt – pro Menü bekommt sie 43 Cent.

Jeder Tag auf den Berliner Straßen ist für Heidemarie Danzer ein Kampf gegen die Uhr. Auch heute liegt sie wieder schlecht in der Zeit. Es ist Donnerstagmorgen, die Straßen sind wie immer viel zu voll. Sie umklammert das Lenkrad, im Gesicht ist jeder Muskel angespannt. »Mach hinne, da vorne!« Sie ist nervös. Ihr Fuß trommelt neben dem Gaspedal. »Das darf doch nicht wahr sein! Gib endlich Gas, du lahme Ente!«, schimpft sie. Wer vor ihr trödelt, muss mit verbaler Prügel rechnen. Das hören die Leute vor ihr zwar sowieso nicht, aber Heidemarie Danzer ist das im Augenblick auch egal. Hauptsache, sie kann im Auto ein bisschen Dampf ablassen.

Wir halten vor einem grauen Hochhaus. Bevor wir überhaupt den Gurt gelöst haben, springt sie schon aus dem weißen Kastenwagen, öffnet die Hecktür und nimmt eine mit Alufolie verschweißte Plastikschale aus dem Wärmeschrank. Jeder Handgriff sitzt. Noch ein kurzer prüfender Blick auf das Etikett – »Tagesmenü« steht darauf. Heute gibt es Schweinebraten mit Kartoffeln und Rosenkohl.

Die fünfzig Meter bis zum Wohnblock, Heidemarie Danzer geht sie nicht, sie rennt – und wir hinterher. »Das ist Fitness pur, da spar ich mir das Studio«, sagt sie. Dabei muss sie sich eher über Unter- als Übergewicht Gedanken machen. Vor der Tür des Hochhauses kann sie einen Moment durchatmen, bei einigen ihrer Kunden dauert es eine Weile, bis sie es zum Türöffner schaffen. Hauptsächlich alleinstehende Rentner bestellen den Menüservice der Firma *Pommer*. Heidemarie Danzer hechtet in den Flur und ist erleichtert, dass heute wenigstens der Aufzug funktioniert. Es gibt Tage, da muss sie zu Fuß in den sechsten Stock steigen.

Oben angekommen, macht eine alte Dame die Tür auf, erst nur einen Spalt. Als sie die rote Jacke erkennt, die alle Menüboten der Firma verpflichtend tragen müssen, öffnet die Frau schließlich ganz die Tür. Heidemarie Danzer versucht ein freundliches Lächeln. »Guten Tag!« Dann drückt sie ihr schnell den verpackten Schweinebraten in die Hand. »Ihr Essen. Guten Appetit! Bis morgen dann.« Und schon ist sie wieder weg. Für einen kleinen Plausch ist keine Zeit. Die alte Dame scheint darüber gar nicht überrascht. »Die sind immer auf der Flucht«, sagt sie noch zu uns. Und auch wir müssen jetzt rennen, sonst fährt Heidemarie Danzer ohne uns weiter.

»Manchmal würde ich gern mehr mit den Leuten reden, aber wenn ich zwölf Kunden pro Stunde schaffen möchte, bleiben mir genau fünf Minuten pro Kunde, mit Fahrzeit«, sagt Heidemarie Danzer, als wir wieder im Wagen sitzen. Zwölf – das ist ihr Ziel, das wäre richtig gut. Normalerweise schafft sie nur zehn Kunden. 43 Cent pro Menü, zehn Kunden: Das macht dann 4 Euro 30 die Stunde. Außerdem muss sie die Tour planen, genau Buch führen, morgens noch das Auto beladen, zwischendurch tanken und ab und zu in die Waschanlage fahren. Wenn sie das alles mitrechnet, kommt sie gerade noch auf drei Euro.

Immer wieder schwirren ihr diese Zahlen durch den Kopf. Sie rechnet, wenn sie von einem Kunden zum nächsten fährt. Unterm Strich kommt dann immer das gleiche Ergebnis raus: Wut – Wut auf ihren Arbeitgeber, Wut auf den Staat, Wut auf sich selbst. »Ich ärgere mich, dass ich es nicht zu mehr gebracht habe. Früher habe ich mal gutes Geld verdient. Heute arbeite ich für so einen Hungerlohn.« Sind drei oder vier Euro die Stunde ein gerechter Lohn für die Arbeit, die Heidemarie Danzer macht? Wer entscheidet darüber, und ist solch ein Lohn überhaupt legal?

1,9 Millionen Menschen in Deutschland erhalten fünf Euro Stundenlohn und weniger.

Ein Niedriglöhner im Westen bekommt im Schnitt 6,89 Euro, im Osten 4,86 Euro.

Seit 2004 ist der durchschnittliche Niedriglohn in Deutschland kontinuierlich gesunken.

Quelle: Institut für Arbeit und Qualifikation (2008)

Dieser Donnerstag ist einer der miesen Tage. Nach über fünf Stunden Arbeit und mehreren roten Ampeln kommt Heidemarie Danzer erschöpft nach Hause – mit einem Tagesverdienst von 16 Euro. »Früher durften die Fahrer noch die übriggebliebenen Essen mit nach Hause nehmen«, sagt sie. Manche Kunden vergessen, den Menüdienst abzubestellen, wenn sie mal nicht da sind. Für die Fahrer war das dann ein kleiner Bonus. »Das hat die Firma dann abgeschafft. Heute müssen wir für die Essen bezahlen.« Heidemarie Danzer lässt die übriggebliebenen Plastikschalen lieber im Wärmeschrank des Wagens. Am nächsten Morgen kann sie die dann abgeben, sie werden als Restmüll entsorgt.

Ihr Stundenlohn würde noch nicht einmal für das Tagesmenü reichen, das sie heute ausgefahren hat. Der Schweinebraten mit Kartoffeln und Rosenkohl kostet beim Menüservice 5 Euro 90, das Feinschmeckermenü, Pfifferlinge mit Eieromelett, sogar 9 Euro 55. Dafür müsste sie dann schon drei Stunden arbeiten gehen. Zum Glück hat Heidemarie Danzer ihren eigenen Koch. Ihr Mann Horst arbeitet bei einer Restaurantkette am Potsdamer Platz. Zu Hause schmeckt es besser als das Essen aus der *Pommer*-Großküche, und billiger ist es außerdem. Horst Danzer verdient 1300 Euro brutto im Monat. Er ist sechs Jahre jünger als seine Frau. Vielleicht ist es sein Vollbart oder sein österreichischer Dialekt, auf jeden Fall erinnert er uns ein wenig an Reinhold Messner, den Bergsteiger.

Wir sitzen mit dem Ehepaar Danzer im Wohnzimmer in Berlin-Spandau. Die Mietwohnung aus den dreißiger Jahren hat zwei Zimmer, Küche, Bad und einen winzigen Balkon. Trotzdem ist sie der ganze Stolz der Danzers. Sie haben alles selbst renoviert, mit viel Mühe und Liebe zum Detail. Alle Räume sind in unterschiedlichen Farben gestrichen. Die Küche ist rot, das Wohnzimmer hat einen Pfirsichton, und das Bad ist etwas dunkler, Terrakotta heißt der Farbton. »Das habe ich alles selber gemacht, die Küche passgenau eingebaut, auch Anschlüsse und Fliesen habe ich alles alleine gemacht. Tapezieren war da noch die kleinste Sache«, sagt Horst Danzer und meint dann fast entschuldigend, ein paar Sachen seien gebraucht. Uns wäre das gar nicht aufgefallen. Bei ihrer Wohnung sind die Danzers pingelig. Möbel mit Kratzern oder ein Sofa mit Flecken gibt es bei ihnen nicht. »Wer bei uns in die Wohnung kommt, soll ja nicht gleich erkennen, dass wir wenig Geld haben.«

Die Danzers haben Schulden. Vor ein paar Jahren hatten sie versucht, sich mit einem Restaurant selbstständig zu machen. Der Traum scheiterte. »Hier in Berlin-Spandau ist vielleicht auch das falsche Pflaster, hier wohnen nicht genug Leute mit Geld. Essen gehen können sich hier nicht so viele leisten«, meint Horst Danzer. Neunzehn Jahre sind sie jetzt verheiratet und irgendwie immer über die Runden gekommen. Doch langsam wird es wirklich eng. Sieben bis acht Euro die Stunde hatte man Heidemarie Danzer versprochen, als sie sich beim Menüdienst vorgestellt hatte. Jetzt verdient sie gerade mal die Hälfte. »Ich komme mit diesem Lohnzettel überhaupt nicht klar«, meint sie. »Deswegen habe ich ja versucht, es dir zu erklären«, sagt ihr Mann. »Aber vielleicht machen wir wirklich einen Denkfehler. Vielleicht können wir gar nicht so doof denken, wie die da gerechnet haben.« Horst Danzer tippt noch einmal die Zahlen in den Taschenrechner. »In deiner Lohnabrechnung vom Februar stehen 270 Euro und 90 Cent. Du hast in diesem Monat 73,5 Stunden gearbeitet, so steht's in deinem kleinen Büchlein. Wenn ich die Zahlen jetzt dividiere, dann komme ich auf exakt 3 Euro und 68 Cent. So viel hast du im letzten Monat im Schnitt pro Stunde verdient.«

Heidemarie Danzer weint. Aber sofort wischt sie die Tränen wieder weg. »Ich habe heute einen schlechten Tag«, entschuldigt sie sich. »Das Problem ist, du hast diese schlechten Tage, seit du bei dieser Firma bist.« »Horst, wir sind sehr angewiesen auf das Geld, das ist das Schlimme. Und das wird ausgenutzt. Die Leute, die da oben sitzen, die wissen das ganz genau. Fast alle, die bei uns beim Menüdienst arbeiten, sind auf die zweihundert, dreihundert Euro angewiesen, die man da im Monat verdient, leider. Wir kriegen einen Hungerlohn und können uns nicht mal dagegen wehren.« Sie hat sich plötzlich in Rage geredet, jetzt ist sie richtig wütend. »Das sind ja nicht nur wir Menüboten. Bei Briefträgern, Bauarbeitern oder Friseuren ist das doch genauso«, sagt sie. »Das ist staatlich genehmigter Sklavenhandel in meinen Augen.«

Sie greift zu ihrer Zigarettenschachtel. Es ist die Billigmarke vom Discounter, aber eigentlich immer noch viel zu teuer. Einen ganzen Stundenlohn verpafft sie jeden Tag. Immer wieder rechnet sie solche Dinge um. Wofür muss ich wie lange arbeiten? Für einen Friseurbesuch muss sie rund zehn Stunden lang Essen ausliefern, für den Wocheneinkauf fast vier Tage und für einen Urlaub zwei Monate – oder drei? Wären ihr Chef und die anderen Arbeitgeber nicht moralisch verpflichtet, Löhne zu zahlen, von denen man auch leben kann? Und wenn sie es nicht freiwillig tun, sollte der Staat sie dann dazu zwingen?

»Würden Sie sich wünschen, dass die Politik da eine Grenze einzieht, einen Mindestlohn?«, fragen wir Heidemarie Danzer. »Ja, würde ich mir wünschen. Aber es wird nur diskutiert.« Dann schimpft sie über die Politikerdiäten und die Managergehälter. »Wenn die ihre Gehälter hochsetzen, dann geht das von einem Tag zum anderen, aber wenn es um den Mindestlohn geht, da wird diskutiert und diskutiert, und so verläuft das wieder im Sande. Und wer ist der Dumme? Wir alle, die solche Jobs annehmen müssen und auf zweihundert oder dreihundert Euro angewiesen sind. Wir sind die Dummen.« »Rechnen Sie überhaupt damit, dass ein flächendeckender Mindestlohn einmal kommt?«, fragen wir. »Nein, rechne ich nicht mit. Rechnet wohl keiner mit.«

23 der 27 EU-Staaten haben einen Mindestlohn.

Im Jahr 2008 lag der Mindestlohn in Frankreich bei 8,71 Euro, in Luxemburg bei 9,30 Euro.

Quelle: Eurostat (2008)

Die Billigarbeiter

Reinhard Zetzsche knöpft seine blaue Uniform zu. In einer guten halben Stunde beginnt seine Nachtschicht. Seine Frau packt ihm Butterbrote und eine Kanne heißen Tee ein. Früher, kurz nach der Wende, hat er gern mal an einer Imbissbude angehalten – er liebt Krakauer Würstchen –, jetzt macht er das schon lange nicht mehr. »Für so was reicht das Geld einfach nicht.« Der Achtundfünfzigjährige wohnt mit seiner Frau in Grünau – einer Plattenbausiedlung am Rande von Leipzig, der Stadt, die oft als Vorzeigemodell für den Aufschwung Ost herhalten muss. Viel Geld ist hier in den letzten Jahren geflossen, die Innenstadt ist komplett saniert, der Hauptbahnhof zum Erlebniseinkaufsparadies umgebaut. Die Stadt ist sogar schuldenfrei. In Grünau merkt man davon wenig. Hier hat jeder Dritte keine Arbeit, und wer eine hat, verdient wenig. Bei Reinhard Zetzsche sind das 4 Euro 85. Das ist der offizielle Tariflohn im sächsischen Wach- und Sicherheitsgewerbe.

In Ostdeutschland arbeitet jeder zweite Beschäftigte für einen Niedriglohn.

1,3 Millionen Beschäftigte in Deutschland stocken ihren Lohn mit staatlicher Hilfe auf das Existenzminimum auf. Vor drei Jahren waren es 880 000.

Quellen: Institut Arbeit und Qualifikation (2008), Bundesagentur für Arbeit (2008)

Reinhard Zetzsche kennt viele, bei denen der Lohn nicht zum Leben reicht. Wäre ein Mindestlohn die Lösung, oder sollte der Staat zuzahlen, die Löhne aufstocken? »Ich weiß nicht so recht«, sagt Reinhard Zetzsche. Er streicht sich mit zwei Fingern seinen buschigen Schnauzbart glatt. Das tut er immer, wenn er grübelt. »Es wäre schon besser, wenn die Unternehmen direkt vernünftige Löhne zahlen würden.« In Berlin sind sich die Politiker bei dem Thema uneinig. Einige fordern einen offiziellen Kombilohn, bisher konnte sich das Modell aber nicht durchsetzen.

Beim Kombilohn übernimmt der Staat einen Teil des Lohns. Er zahlt das Geld direkt an ein Unternehmen. So sollen neue Stellen geschaffen werden und die Arbeitnehmer einen Stundenlohn erhalten, der über Hartz-IV-Niveau liegt.

Die Kritik: Werden Lohnkostenzuschüsse länger gezahlt, kann kaum ausgeschlossen werden, dass Unternehmen sich Arbeitsplätze subventionieren lassen, die sie auch ohne den staatlichen Zuschuss geschaffen hätten.

Während in Berlin noch über Kombilohnmodelle gestritten wird, hat sich praktisch bereits eine Art flächendeckender Kombilohn in Deutschland etabliert. Immer mehr Menschen beantragen zusätzlich zu ihrem Lohn die ergänzenden Hilfen von der Arbeitsagentur, um überhaupt auf das Existenzminimum zu kommen. Die waren eigentlich als Notfallhilfe gedacht, sind aber inzwischen fast ein Hartz-IV-Kombilohn auf niedrigstem Niveau, auch wenn das keiner so nennen will. Reinhard Zetzsche hätte darauf ebenfalls Anspruch, doch bislang hat er ihn noch nicht genutzt. »Ich will einfach nicht auf staatliche Stütze angewiesen sein«, sagt er uns. Lieber bittet er seine Tochter um Geld, wenn's mal wieder nicht reicht.

Wir sitzen mit Reinhard Zetzsche im Auto und fahren durch die Leipziger Innenstadt. Viel ist nicht los in dieser Nacht. An einem Bürohaus halten wir an und steigen aus. Reinhard Zetzsche muss drinnen seinen Kontrollgang machen. In der ersten Etage steckt er einen Schlüssel in einen kleinen Kasten und dreht ihn zweimal um. So kann er dokumentieren, dass er heute da war. Wenn er so allein in der Nacht unterwegs ist, macht er sich seine Gedanken. »Was ist ein fairer Lohn? Was ist die Arbeit wert, die ich hier mache? Auf jeden Fall müsste es mehr sein als Hartz IV«, sagt Reinhard Zetsche. »Wenn ich arbeite, muss ich doch mehr in der Tasche haben, als wenn ich zu Hause sitze.« Er schließt die Glastür des Bürogebäudes wieder ab. »Das Niedrigste, was ich hier in Leipzig von den Kollegen glaubhaft gehört habe, waren drei Euro fünfzig brutto. In einigen anderen Jobs ist es sogar noch weniger. Wie soll das gehen? Da kommen bei einem Vollzeitjob am Ende des Monats fünfhundert Euro netto raus.«

Tariflöhne in Ostdeutschland:

4,50 Euro bekommt ein Fleischzerleger in Sachsen.
3,22 Euro bekommt ein Gartenbauarbeiter in Thüringen.
3,05 Euro bekommt eine Friseurin in Brandenburg.

Quelle: WSI-Tarifarchiv (2008)

Solche Löhne, meint Reinhard Zetzsche genau wie Heidemarie Danzer in Berlin, müssten doch eigentlich verboten werden. 160 Kilometer entfernt, in Potsdam, hat sein Chef Jens Schütz eine eindeutige Antwort darauf. »Das regelt immer noch der Markt am besten.« Jens Schütz ist der Geschäftsführer von *PSI Security*. Er ist sportlich, bestimmt und eloquent. Für ihn sind die letzten Jahre gut gelaufen. Sein Unternehmen wächst. 18 Millionen Euro Umsatz macht die Firma im Jahr, tausend Mitarbeiter hat das Unternehmen. Mit einem Mindestlohn von 7 Euro 50, wie es die Gewerkschaften fordern, müsse er reihenweise Leute auf die Straße setzen, meint er. »Das ist idiotisch, ich weiß gar nicht, wie die da alle drauf kommen.« Denn er müsste die gestiegenen Personalkosten an seine Kunden weitergeben, und die würden höhere Preise nicht akzeptieren. »Die zwingen mich doch zu diesen Löhnen.« Gerade die öffentlichen Auftraggeber, Städte und Gemeinden, würden nur auf den Preis schauen. »Denen ist es auch ziemlich egal, was die Wachleute bei mir verdienen«, sagt Schütz. »Ich habe die Angst, dass wir bei Einführung von Mindestlöhnen dreißig bis vierzig Prozent der Mitarbeiter in der Branche verlieren.« Aber was schlägt er vor? Wie sollen seine Mitarbeiter mit ihrem Lohn über die Runden kommen?, fragen wir. »Da muss man das Familieneinkommen sehen, da müssen Mann und Frau zusammen arbeiten oder sonst irgendwie noch zu Geld kommen«, rät Jens Schütz seinen Mitarbeitern.

Eine Woche später um sieben Uhr am Morgen treffen wir Heidemarie Danzer wieder. Sie wartet in einem Gewerbegebiet in einer Sackgasse vor einem großen Lkw. Hier findet die zentrale Ausgabe der Menüs statt. Die Firma *Pommer* spart sich die Anmietung teurer Räumlichkeiten. Nach und nach kommen kleine Kastenwagen angefahren – etwa fünfzehn sind es am Ende. Die Fahrer holen sich ihre Menüs aus dem Lkw und packen sie um in ihre Autos. Es wird nicht viel gesprochen. Der Chef und eine Vorarbeiterin gehen zwischen den Autos auf und ab und kontrollieren, ob die Bestelllisten in Ordnung sind.

Hinten in den Autos befindet sich ein Konvektor, eine Art Ofen, in dem die Menüs erhitzt und warm gehalten werden. Das dauert eine knappe Stunde. Einige gehen in dieser Zeit in eine kleine Kantine auf dem Gelände des Gewerbegebiets, holen sich einen Kaffee und bearbeiten die Lieferscheine. Wir versuchen, mit den Fahrern ins Gespräch zu kommen. Einige erzählen uns, dass sie am Vormittag schon Zeitungen ausgetragen haben. Andere werden am Nachmittag noch putzen gehen. Fast alle haben noch einen zweiten Job, um über die Runden zu kommen. Über ihren Stundenlohn reden sie alle nicht gern. Unsicher gucken sie sich um, ob der Chef in der Nähe ist. »Wie viel Essen liefern Sie heute aus?«, fragen wir einen der Fahrer. »Vierunddreißig.« »Und wie lange werden Sie dann unterwegs sein?« »So vier Stunden, ungefähr, dreieinhalb bis vier Stunden«, sagt er. »Wie hoch ist dann Ihr Stundenlohn?« »Ja, also, das kommt eben immer drauf an, wie lange das dauert, wie viele Essen man verteilt, danach richtet sich das.« Als wir noch einmal nachfragen, bricht er das Interview ab, will plötzlich nicht mehr mit uns reden. »Keine Zeit!«, ruft er uns noch hinterher. Vierunddreißig Essen wird er an diesem Tag ausfahren, zu 43 Cent, das macht in diesem Fall einen Stundenlohn von 3,65 Euro. Und auch hier sind die morgendliche Ladezeit und das Bearbeiten der Lieferaufträge noch nicht mitgerechnet.

Heidemarie Danzer erklärt uns, warum viele Mitarbeiter so einsilbig werden, wenn es um die Löhne oder ihre Arbeitsbedingungen beim Menüservice *Pommer* geht. Sie seien laut Arbeitsvertrag zur Verschwiegenheit verpflichtet. Später wird sie uns die Klausel B 1 im Arbeitsvertrag zeigen. Ganz am Schluss heißt es da: »Wer gegen diese Pflicht verstößt, kann keine Nachsicht erwarten.« Heidemarie Danzer hält sich nicht daran, sie will sich den Mund nicht verbieten lassen. »Irgendeiner muss doch darüber reden, dass wir hier Hungerlöhne bekommen.«

Wir fragen den Chef direkt. Er steht draußen beim Lkw. »Was verdient denn ein Fahrer hier bei Ihnen?« »Geld«, sagt er. »Geld. Er verdient Geld, über Geld spricht man nicht.« Er will weitergehen. »So ungefähr?«, fragen wir. »Wie hoch ist der Stundenlohn?« »Äh … acht Euro, sieben Euro achtundfünfzig oder so.« Er weiß nicht, dass wir schon ein paar Tage mit Heidemarie Danzer unterwegs sind und alle ihre Lohnabrechnungen kennen. »Sieben Euro achtundfünfzig?«, fragen wir noch einmal. »Ungefähr, ja.« Er räuspert sich kurz, steckt die Hände in die Hosentaschen und geht.

Heidemarie Danzer, ihre Kollegen und sechseinhalb Millionen Beschäftigte in Deutschland stecken in der Klemme. Sie können ohne ihren Job nicht leben, mit ihm aber auch nicht. Heidemarie Danzer schuftet, strengt sich an, versucht jeden Tag, ein bisschen besser zu sein. Aber am Ende des Monats reicht es einfach nicht, egal wie sehr sie sich bemüht. »Das ist total frustrierend. Unten wird es immer knapper, und oben wissen die nicht, wohin mit dem Geld«, sagt sie. »Ich finde, dass es bei uns im Land immer ungerechter zugeht.«

Draußen ist es noch dunkel. Heidemarie und Horst Danzer trinken starken Kaffee – schwarz. Horst Danzer steht fast immer morgens um sechs mit auf, auch wenn er selbst erst viel später losmuss. Normalerweise ist Heidemarie Danzer morgens nicht so nach Reden zumute. Heute schon. »Ich hasse diese Firma«, sagt sie. Und er: »Du hast dich verändert. Du hast sechs oder sieben Kilo abgenommen, du isst nichts mehr. Du bist fix und fertig mit den Nerven. Wir können nicht mehr ordentlich diskutieren, geschweige denn irgendwas anderes«, sagt er. »Wir fauchen uns nur noch an, und du kommst aufgelöst und verheult nach Hause.« Heidemarie Danzer schaut ihren Mann ärgerlich an. »Aber ich möchte nicht zu Hause rumsitzen«, sagt sie.

»Das weiß ich auch, dass du nicht zu Hause sitzen möchtest. Ich weiß doch, dass du schon seit Ewigkeiten wieder einen Job suchst, der deiner Qualifikation auch entspricht. Aber es muss doch nicht sein, dass ihr euch für dreiundvierzig Cent pro Essen diesen Knochenjob antut.«

Wie konnte das bloß passieren? Wie konnte sie da landen, wo sie jetzt ist? Heidemarie Danzer erzählt uns, wie sie aus der gutsituierten Mittelschicht zur schlechtbezahlten Billigkraft abgestürzt ist. Sie hat in den sechziger Jahren eine Ausbildung als Apothekenhelferin gemacht. Erst hat sie in einer kleinen Apotheke in Berlin gearbeitet. Später hat sie dann eine gute Stelle bei *Schering* gefunden. Fast einundzwanzig Jahre war sie dort. »Ich habe im Labor gearbeitet, in der Forschungsabteilung, da, wo die Medikamente getestet wurden.« Heidemarie Danzer hatte sich auch ohne Studium Jahr für Jahr hochgearbeitet, immer mehr Verantwortung übernommen. Die Firma zahlte ihr ein gutes Gehalt, 3500 Mark brutto. »Um meine Zukunft habe ich mir damals nie Sorgen gemacht.« Im Winter 1989 hat sie dann gekündigt, weil sie die Welt entdecken wollte, gemeinsam mit ihrem Mann Horst. Auf einem Kreuzfahrtschiff in der Karibik hatten die beiden sich kurz vorher kennengelernt. »Es war Liebe auf den ersten Blick. Horst war da als Stewart mit so einer richtigen Uniform«, erzählt sie. »Es war eine tolle Reise.«

Die Liebe war plötzlich wichtiger als der Job und das Geld. Horst und Heidi sind in die Dominikanische Republik ausgewandert. Sonne, Strand und ein eigenes kleines Restaurant – so war der Plan. Auf den ersten Blick schien das Restaurant *Margarita* in Puerto Plata ganz gut da reinzupassen. Doch meistens warteten sie abends vergeblich auf Gäste, denen Horst seine Wiener Schnitzel machen konnte. Viel zu spät haben sie erfahren, dass man die Taxifahrer schmieren muss, damit sie die Gäste aus den Hotelburgen ins Restaurant lotsen. Acht Monate haben sie durchgehalten, dann waren sie pleite und mit den Nerven am Ende. Teller, Tassen und Tischdecken haben sie schließlich auf einem Flohmarkt verkauft, um sich von den Dollars zumindest ein Rückflugticket kaufen zu können. Insgesamt hatten sie einige zehntausend Euro Schulden aufgetürmt.

Mitte 1990 waren sie also wieder in Berlin. Die Stelle bei *Schering* war längst weg und so, wie es aussah, ein paar tausend andere Stellen gleich mit. Zudem kamen jetzt billige Arbeitskräfte aus dem Osten nach Berlin – die Mauer war seit ein paar Monaten gefallen, die Wiedervereinigung stand kurz bevor. Dutzende Bewerbungen hat Heidemarie Danzer geschrieben. Alle blieben ohne Erfolg. Statt in einer Apotheke oder bei einem Pharmakonzern zu arbeiten, hat Heidemarie Danzer in Gaststätten gekellnert oder ist putzen gegangen. »Damals hat man für so einen Job wenigstens noch einen vernünftigen Stundenlohn bekommen.« Zehn oder zwölf Mark gab es, manchmal sogar fünfzehn. Doch die Zeiten sind vorbei. Jetzt fährt sie Essen aus für drei bis vier Euro die Stunde. Auch bei ihrem Mann ging es in den letzten Jahren mit dem Einkommen kontinuierlich nach unten. »Früher, da waren wir die klassische Mittelschicht. Wir hatten beide ein gutes Einkommen, konnten uns was leisten. Davon ist nicht viel geblieben«, sagt er.

Heidemarie Danzer zieht sich ihre rote Jacke vom Menüservice über, nimmt den Autoschlüssel und die Lieferscheine vom Tisch. »Ich muss los«, sagt sie. Wir werden sie heute nicht begleiten. Nach dem letzten Mal bekam sie bereits unangenehme Fragen vom Chef. Das will sie heute nicht noch mal. Bevor sie losfährt, wollen wir von ihr noch wissen, wie es weitergehen soll. »Ich weiß es nicht. Ich glaube nicht, dass ich noch mal zehn, zwölf Euro verdienen werde. Ich muss mich damit abfinden. Wenn ich jetzt hier aufhören würde, dann gäbe es für mich nur noch eine Putzstelle oder so. Und das ist traurig.« Sie schaut auf die Uhr. Es wird Zeit. »Bis nachher dann. Tschüß!« Horst gibt ihr einen Kuss. »Pass auf beim Fahren!«, ruft er ihr beim Rausgehen noch hinterher. »Muss ich ja, hilft ja nichts«, ruft sie zurück und geht zum Wagen.

Es ist kurz vor Mittag. In Leipzig ist Wachmann Reinhard Zetzsche gerade aufgestanden. Er steht in der Küche und kocht Tee. Seine Tochter Michaela wird gleich zu Besuch kommen. Die Nachtschicht steckt ihm noch in den Knochen. Sechs Stunden hat er unruhig geschlafen. »Ich kann nicht mehr so gut schlafen, seit ich immer nachts arbeiten gehe«, sagt er. Wir erzählen ihm von unserem Gespräch mit seinem Chef in Potsdam. Mann und Frau müssten zusammen arbeiten oder sonst irgendwie noch zu Geld kommen, hatte er gesagt.

»Sonst irgendwie noch zu Geld kommen?« Reinhard Zetzsche weiß nicht so genau, wie sein Chef das meint. Seine Frau Hannelore hat ihre Stelle als Verkäuferin in einer Bäckerei gerade verloren. Überall in Leipzig machen im Moment neue Discountbäcker auf, die brauchen weniger Personal. Als seine Frau noch in der Bäckerei gearbeitet hat, haben sie sich fast gar nicht mehr gesehen. Wenn er nach Hause kam, ging sie kurz darauf zur Arbeit. Jetzt haben sie etwas mehr Zeit, aber noch weniger Geld. 800 Euro verdient Reinhard Zetzsche netto im Monat. Ihre unsanierte Plattenbauwohnung kostet schon 450 Euro warm. Auf Dauer geht das als Alleinverdiener auf keinen Fall. Seine Frau muss so schnell wie möglich wieder etwas Neues finden. Im Augenblick haben sie nicht einmal mehr 150 Euro im Monat zum Einkaufen.

Die Lebenshaltungskosten in Ost und West haben sich mittlerweile angeglichen. Die Stundenlöhne sind dagegen im Westen im Schnitt um 42 Prozent höher als im Osten.

Quellen: Gesellschaft für Konsumforschung (2006), Bundesamt für Statistik (2008)

»Also, wenn es größere Sachen sind, die da außer der Reihe kommen, wenn mal was kaputtgeht, dann kommen wir ins Schleudern. Wenn wir da die Kinder nicht hätten, würde es manchmal richtig schlimm aussehen«, sagt Reinhard Zetzsche. Michaela sitzt inzwischen mit am Tisch und rührt etwas verlegen in ihrem Tee. »Man hilft, wo man kann. Und sie lassen ja Gott sei Dank den Kopf nicht hängen«, sagt sie. Früher haben die Eltern die Kinder finanziert, jetzt hat sich das umgekehrt. Reinhard und Hannelore Zetzsche ist das peinlich, aber was sollen sie tun?

Ein paar Tage später wird Heidemarie Danzer gekündigt. Ihr Chef hat herausbekommen, dass sie mit uns über ihre Arbeit gesprochen hat. Sie hat das trotzdem nicht bereut. Sie wolle jetzt kämpfen, sagt sie. Nach der Kündigung ist sie zur Gewerkschaft gegangen, hat von den Arbeitsbedingungen und von ihrem Lohn erzählt. Die Gewerkschaft hat der Firma *Pommer* mit einem Prozess vor dem Arbeitsgericht gedroht. Dann hat das Unternehmen Heidemarie Danzer 1600 Euro nachgezahlt. Sie haben sich außergerichtlich geeinigt. So läuft das meistens, damit ein Urteil nicht zum Präzedenzfall für die anderen wird. Heidemarie Danzer ist jetzt erst einmal arbeitslos. Sie will sich nach einer neuen Stelle umsehen. In den nächsten Wochen wird sie Bewerbungen schreiben und immer wieder zum Arbeitsamt gehen.

Was Heidemarie Danzer oder Reinhard Zetzsche in ihrem Job erleben, ist Teil eines Trends. Immer mehr Menschen arbeiten so wie sie für Niedriglöhne, in Minijobs oder in Teilzeit. Unternehmen stellen meist nur noch befristet ein. Sozialversicherungspflichtige Vollzeitstellen werden rar. Soziologen und Sozialwissenschaftler haben dieser Entwicklung einen eigenen Begriff gewidmet: »Prekarisierung«. Das bedeutet mehr als niedrige Löhne und den täglichen Kampf ums Existenzminimum, das ist auch der Verlust von Sicherheit und Stabilität sowie das verloren gegangene Vertrauen in die Zukunft.

559-mal »Nein«

»Ich hoffe, dass dieser Winter der Tiefpunkt ist, viel mehr geht nicht«, sagt Volker Hoppe. Er war einmal Assistent des Vorstands in einem größeren Dortmunder Unternehmen, hat seine Stelle verloren und ist dann mit der Einführung von Hartz IV aus einem geregelten Mittelschichtsleben ins, wie er sagt, Bodenlose gestürzt. Volker Hoppes Ordner sind dicker geworden in den letzten Monaten. In seine Bewerbungsmappe hat er die Zeugnisse zweier Softwarekurse geheftet, die ihm das Arbeitsamt finanziert hat. »Ich dachte, vielleicht liegt es daran, dass einige meiner Kenntnisse veraltet sind«, sagt er. »Deshalb habe ich zwei SAP-Kurse belegt. Ich dachte, damit finde ich eine Stelle.« Er hat die Kurse mit der Note »sehr gut« abgeschlossen, aber auch das hat nichts gebracht.

Volker Hoppe ist inzwischen seit knapp fünf Jahren ohne Arbeit. »Ich habe gerade meine 560. Bewerbung abgeschickt«, sagt er. »Eigentlich kann ich nicht mehr. Am schlimmsten ist, dass ich noch immer jedes Mal, wenn ich eine Bewerbung abschicke, euphorisch bin und glaube, dass es diesmal klappt. Wenn es dann wieder heißt: Nein, das wird nichts, ist die Enttäuschung natürlich riesig, und ich nehme mir vor, beim nächsten Mal nicht wieder so sehr zu hoffen und zu warten.« Sobald er aber die nächste Bewerbung fertig mache, gehe das Spiel wieder von vorn los. »Dann sitze ich wieder zu Hause und denke: Diesmal klappt es. So lange, bis die Absage kommt.«

Volker Hoppe ist einsamer geworden. Sein Hund ist gestorben, von seinen Freunden zieht er sich mehr und mehr zurück. »Ich habe eine Kartenspielrunde«, sagt er. »Wir treffen uns, spielen, essen und trinken. Im Moment kann ich da nicht mehr mitmachen.« Zum einen fehlt das Geld, um die Freunde auch mal zu sich einzuladen, um für alle zu kochen, um ein bisschen Wein zu kaufen, ein paar Flaschen Bier. »Schlimmer sind aber die Fragen. Jedes Mal fragen die: ›Und? Hast du was in Aussicht?‹ Und jedes Mal muss ich antworten: ›Nein. Immer noch nicht.‹« Diese Fragen, sagt Volker Hoppe, könne er nicht mehr ertragen.

Ein Mal in diesen fünf Jahren hat eine Firma zu ihm gesagt: »Kommen Sie bitte zum nächsten Ersten, Sie können bei uns anfangen.« Er unterschrieb einen Vertrag bei einer Leiharbeitsfirma, die ihn in die Verwaltung eines Großunternehmens schickte. »Ich hab da zwar nur neun Euro brutto die Stunde bekommen, gut halb so viel wie meine Kollegen. Aber ich war trotzdem begeistert. Ich hab mich reingehängt, Überstunden gemacht, mich von der allerbesten Seite gezeigt. Mein Vorgesetzter war zufrieden mit mir, der Gruppenleiter war zufrieden, der Abteilungsleiter war zufrieden. Die Leute bei der Leiharbeitsfirma waren zufrieden.« Alle hätten ihm signalisiert, dass er bald auf eine feste, regulär bezahlte Stelle übernommen werden könnte. »Dann, nach fast drei Monaten, an einem Freitagmittag, hat mich der Chef zu sich geholt«, sagt er. »Sie brauchen am Montag nicht mehr zu kommen, wir benötigen Sie nicht mehr«, habe der Chef gesagt. »Es war wie ein Schlag in den Magen. Ich hatte wirklich geglaubt, dass die mich übernehmen wollen.«

Er habe sich dann umgehört, mit vielen Kollegen gesprochen und erfahren, dass das immer so laufe. »Die bestellen immer wieder Leiharbeiter für zwei, drei Monate, melden sie dann wieder ab, und dann kommt der nächste. Und ich hatte wirklich geglaubt, dass ich mich nur bewähren muss und dann eine echte Chance habe.« Am Montag sei er gleich zu der Leiharbeitsfirma gegangen, erzählt Volker Hoppe. Schließlich hatte er dort einen unbefristeten Vertrag unterschrieben. »Die haben mir aber sofort gekündigt. In dem Vertrag war eine Klausel, die besagt, dass die mich nur beschäftigen, solange das große Unternehmen mich anfragt.« Dieser Ausflug in die Leiharbeit ist etwa an Position 400 in seiner Mappe der vergeblichen Bewerbungen abgeheftet.

»Ich mache weiter«, sagt Volker Hoppe. »Aber manchmal weiß ich nicht, wie. Da sitze ich deprimiert in meinem Wohnzimmer und frage mich immer wieder: Was hast du nur falsch gemacht? Und wird es irgendwann besser werden?« Nachts könne er nicht schlafen. Dann liege er wach und denke nach. Darüber, ob er das Haus halten kann. »Die Energiekosten sind im letzten Jahr um fast vierhundert Euro gestiegen. Das schaffe ich nicht mehr lange«, sagt Volker Hoppe. Er grübelt darüber nach, was er noch alles zu Geld machen könnte. »Ich habe schon Münzen versetzt und zwei Bilder, die ich im Wohnzimmer hängen hatte, verkauft. Mein Investitionsfonds ist aufgelöst, und meine private Altersvorsorge liegt auf Eis. Aber ich weiß nicht, wie lange ich die Versicherung noch hinhalten kann. Die wollen langsam wieder Beiträge sehen. Die kann ich aber nicht zahlen.« Jetzt habe ihn sogar seine Bank angemahnt. Er hatte seinen Dispokredit um 200 Euro überzogen. Er ist seit über dreißig Jahren Kunde bei der Bank. Deshalb ließ sich dieses Mal noch alles im Gespräch klären. »Ich habe das Gefühl, dass das, was ich jahrelang aufgebaut habe, Stück für Stück wegbröckelt. An allen Ecken. Und bald ist nichts mehr da«, sagt Volker Hoppe.

Er sitzt jetzt tagsüber viel vor dem Fernseher oder starrt manchmal auch einfach nur lange vor sich hin. »Ich habe das Gefühl, dass ich hier hocke und langsam verblöde.« Bis vor kurzem ist er immer noch ins Arbeitslosenzentrum gegangen und hat sich dort ehrenamtlich engagiert. Im letzten Jahr aber hat die Stadt die Gelder gekürzt. Das Arbeitslosenzentrum musste schließen. »Und das Amt?«, fragen wir. »Kann das nicht helfen?« Er habe noch einmal ein Stellenangebot vom Arbeitsamt bekommen, sagt er. »In der Ausschreibung stand: Gute Polnisch-kenntnisse erforderlich. Ich spreche kein Polnisch. Das habe ich dem Amt dann auch gesagt, die meinten aber, ich sollte mich trotzdem bewerben.« Das habe er dann auch gemacht, erzählt Volker Hoppe. »Ich habe im Anschreiben geschrieben, dass ich zwar kein Polnisch spreche, aber bereit sei, es zu lernen.« Die Firma habe ihm abgesagt, und das Amt habe ihm vorgeworfen, dass es seine eigene Schuld sei, dass es mit der Stelle nicht geklappt habe. »Die meinten, ich hätte ruhig ›Grundkenntnisse Polnisch‹ reinschreiben und es mal versuchen sollen. Die wollten also eigentlich, dass ich die Firma anlüge.«

»Und jetzt?«, fragen wir. »Schicke ich bald die nächste Bewerbung raus«, sagt Volker Hoppe. Vor kurzem habe er auf der Kleinanzeigenseite ein Stellengesuch für Spülhilfen gesehen. »Da wollte ich anrufen.« Aber dann sei ein Freund da gewesen, der gesagt habe: »Nein, Volker, so weit ist es noch nicht. Das zerreißt du.« Er denke viel darüber nach, wie sein Leben jetzt aussehen würde, wenn er seine Stelle nicht verloren hätte, und wie alles wäre, wenn es die Hartz-Reformen nie gegeben hätte. Und er hofft, dass die, die die Gesetze geschrieben haben, dies auch tun. »Das wäre wirklich schön«, sagt er. »Wenn wirklich jemand von oben sagen würde: Leute, das tut uns leid. Das war leider alles nichts. Wir müssen alles rückgängig machen oder es zumindest neu planen. Aber eigentlich glaube ich nicht, dass das noch passieren wird.«

560 Bewerbungen und noch immer keine Stelle. Trotz guter Zeugnisse, trotz Fortbildungen, trotz der Bereitschaft, hundert oder zweihundert Kilometer weit zu fahren, Abstriche beim Lohn zu machen, in völlig anderen Berufen zu arbeiten. Wie kann das sein? »Sie können sich nicht vorstellen, wie der Arbeitsmarkt inzwischen aussieht«, sagt Volker Hoppe. »Ich schaue immer in die Zeitungen. Ich suche immer im Internet. Das Einzige, was ich finde, ist Leiharbeit, Verträge bei Subunternehmen, unbezahlte Praktika. Ich glaube, so richtig bezahlte Stellen, bei richtigen Firmen, mit einem richtigen Vertrag, die gibt es fast gar nicht mehr.«

Zwei Lagerarbeiter, bitte!

Es riecht nach gebrannten Mandeln, Glühwein und Pommes. Andrea Przybylski schließt das Fenster. Ihr Büro bei der Zeitarbeitsfirma *Manpower* liegt direkt über der Fußgängerzone in der Dortmunder Innenstadt. Für Weihnachtsmarktstimmung hat die Vermittlerin gerade gar keinen Sinn. Andrea Przybylski hat ein Problem: Ihr sind die Lagerarbeiter ausgegangen. Jetzt probiert sie es in den anderen Niederlassungen, damit sie ihrem Auftraggeber nicht absagen muss. Sie greift zum Telefonhörer. »Sag mal, Tamara, hast du noch Helfer? Ich brauche dringend Leute für einen Einsatz in Münster.« Andrea Przybylski hat Glück, die Kollegin hat noch zwei Mann zur Verfügung. Sie will sie gleich anrufen und morgen Früh um fünf Uhr ins achtzig Kilometer entfernte Münster schicken. »Das sind die üblichen Anfragen. Da kommt jemand und sagt, ich brauche morgen unbedingt ein paar Lagerarbeiter, Schweißer oder Bürokaufleute. Dann schau ich in meinen Computer und fang an zu telefonieren. Schnell und flexibel, so ist unser Geschäft.«

Die Idee der Leiharbeit kommt aus den USA. Als 1948 in der Anwaltskanzlei von Elmar L. Winter und Aaron Scheinfeld in Milwaukee die Sekretärin wegen Krankheit ausfällt, stapeln sich die Papiere auf dem Schreibtisch von Tag zu Tag höher. Den beiden gelingt es einfach nicht, kurzfristig Ersatz für die erkrankte Sekretärin zu finden. Die Anwälte haben eine Idee. Man müsste Arbeitskräfte zeitlich befristet ausleihen können. Das würde nicht nur ihnen, sondern Hunderten anderen Unternehmen genauso helfen, die in der gleichen Situation stecken. Winter und Scheinfeld lassen die Papiere auf dem Schreibtisch also noch ein paar Tage länger liegen und gründen ein Unternehmen mit dem Namen *Manpower*. Es ist das erste Zeitarbeitsunternehmen weltweit. Die Anwälte waren auf eine riesige Marktlücke gestoßen.

In Deutschland gibt es 7000 Leiharbeitsunternehmen. Die drei größten sind *Randstad, Manpower* und *Adecco*. *Manpower* hat allein in Deutschland 370 Niederlassungen und beschäftigt 1200 Arbeitsvermittler.

Quelle: Manpower-Unternehmensprofil (2008)

Andrea Przybylski ist erst seit gut drei Monaten als Arbeitsvermittlerin bei *Manpower* angestellt. Die Achtundzwanzigjährige wollte nach ihrem Betriebswirtschaftsstudium eigentlich etwas anderes machen. Als sie im Internet nach Stellen geschaut hatte, war sie erstaunt, wie viele Disponenten bei den Leihfirmen gesucht wurden. »Das war eigentlich nicht gerade mein Traumjob, aber jetzt ist das schon okay. Alt werden will ich hier jedoch trotzdem nicht.« Wir wollen noch fragen, warum, aber da klingelt schon wieder das Telefon. Es ist nicht ganz einfach, mit ihr über den Job und die Zeitarbeit zu reden. Im Büro von *Man-*

power ist es in diesem Dezember hektisch. Gerade sucht ein Kunde zehn Fensterputzer. Für zwei bis drei Tage braucht er die Leute, eventuell auch länger. Der kurze Zeitraum ist kein Problem, selbst für halbe Tage kann Andrea Przybylski Leute verleihen. Nur im Moment ist die Mitarbeiterdatenbank mächtig blank. Da heute Morgen aber einige neue Bewerber im Büro waren, hat sie noch Hoffnung. »Ich brauche eine Stunde Zeit, dann sage ich Ihnen wegen der Fensterputzer Bescheid. Irgendwie wird das schon klappen.«

Das wollen die Kunden hören. Seit ein paar Monaten rufen immer mehr Auftraggeber an. Selbst jetzt im Winter läuft das Geschäft bestens, dabei ist das normalerweise eine Zeit, in der weniger los ist. Andrea Przybylski und die anderen Vermittler bei den Leihfirmen können sich vor Arbeit kaum retten. Sie machen Überstunden und lassen ihre Mittagspause ausfallen. Es sei gar nicht so einfach, genügend Leute zu finden, sagen sie hier. In den letzten drei Jahren boomte keine Branche so stark wie die Leiharbeit. Früher wurden fast nur Hilfsarbeiter vermittelt, heute auch Akademiker und Facharbeiter. Sogar Bankkaufleute oder Börsenmakler sind mittlerweile nicht mehr nur direkt bei der Commerzbank oder der Deutschen Bank angestellt, sondern immer häufiger bei einer Leihfirma.

> 794 000 Menschen waren im Juni 2008 als Leiharbeiter beschäftigt. Fünf Jahre zuvor waren es nur halb so viele.
>
> *Quelle: Bundesagentur für Arbeit (2008)*

Im kleinen, tristen Warteraum neben dem Büro von Andrea Przybylski sitzen mittlerweile wieder neue Bewerber. Durch die große Scheibe kann sie die drei jungen Männer sehen. Sie lächelt ihnen zu. Die drei lächeln zurück. »Hallo, wie kann ich euch behilflich sein?« »Wir wollten mal hören, was es hier so für Jobs gibt«, sagt einer der Bewerber. Er hat seine Ausbildung als Kfz-Mechaniker abgebrochen und sich die letzten beiden Jahre als Amateurfußballer über Wasser gehalten.

»Wir haben da eine ganze Menge im Angebot. Füllt doch erst mal diesen Zettel aus, und dann sehen wir weiter. Das funktioniert hier eigentlich ganz einfach.« Andrea Przybylski verteilt die Bewerbungsbögen. Die Kugelschreiber von *Manpower* dürfen die jungen Männer später behalten. »Ihr müsst Name, Anschrift, Schulabschlüsse, Ausbildungen, Berufserfahrung und Zusatzqualifikationen da reinschreiben. Wer von euch einen Lkw-Führerschein hat oder so einen Schein für den Gabelstapler, den nehmen wir besonders gern.« Dann fragt sie die drei Bewerber noch, ob sie irgendwelche speziellen Jobwünsche haben und ob sie auch bereit seien, im Dreischichtbetrieb zu arbeiten. Die jungen Männer wissen nicht so recht, sagen schließlich, dass sie alle Arbeiten machen würden. »Damit stehen eure Chancen hier ganz gut«, meint Andrea Przybylski zum Abschluss.

Die Bewerbungsdaten gibt sie später in ihren Computer ein. Passt das Profil, ruft sie die Kandidaten zurück und bietet ihnen einen Vertrag an. Oft kann es dann schon am nächsten Tag losgehen. In welchen Einsatz sie geschickt werden und wie ihr Auftrag genau aussieht, erfahren sie am Telefon. Ein Leiharbeiter erzählt uns später, dass man sich ein bisschen wie ein Söldner fühlt. Und das Heer der Zeitarbeiter wächst von Tag zu Tag.

> Jede vierte neue sozialversicherungspflichtige Stelle entstand in den letzten drei Jahren in der Zeitarbeitsbranche.
>
> *Quelle: Bundesagentur für Arbeit (2008)*

An manchen Tagen geht es in der *Manpower*-Niederlassung in Dortmund zu wie im Taubenschlag. Die Leute, die hier reinkommen und nach einem Job als Leiharbeiter fragen, waren fast alle vorher bei der Arbeitsagentur. Dort haben die meisten kein einziges Angebot erhalten, hier schon. Aber wozu der Umweg über die Leihfirma? Warum stellen die Unternehmen die Leute nicht direkt ein? Etabliert sich hier gerade das Arbeitsmodell der Zukunft?

Andrea Przybylski ist sich sicher, dass ihre Branche den Kunden genau das Personal bieten kann, das sie haben wollen, und das auch noch schnell, flexibel und billig. »Wir weinen vielleicht vielen alten Dingen hinterher, gerade die Generation unserer Eltern. Aber wir müssen uns trotzdem der Realität stellen, und die ist nun mal leider so. Jobs für vierzig Jahre mit Sicherheit, die gibt es einfach nicht mehr. Wir können entweder jammern, oder wir sagen okay, wir nehmen das einfach mal an und machen was draus.«

Ständig auf Abruf

Uwe Kahl ist schon lange ausgeliehen. *Manpower* hat ihn nach Lünen in eine Metallfirma geschickt. Seit einem Jahr ist er da. Ganz hinten rechts in der Werkhalle steht er an einer großen dampfenden Maschine. Hier macht er Stahlrohre für den chinesischen Markt. Es ist die Zeit des Aufschwungs und viel zu tun. Draußen auf dem Parkplatz vor der Werkhalle, wo eigentlich die Autos der Mitarbeiter stehen sollten, lagern jetzt tonnenweise Stahlrohre, weil es in der Halle zu eng geworden ist.

Der Firmenchef hat sich für unseren Besuch extra einen dunklen Anzug angezogen und eine Krawatte umgebunden. Als wir telefoniert haben, war er etwas in Sorge, wie offen er über die Leiharbeit sprechen dürfe. Schließlich ist er ja nur der Chef der kleinen Niederlassung in Lünen. Seine Konzernleitung hat ihm dann doch erlaubt, mit uns zu reden. Und jetzt spricht er verblüffend ehrlich das aus, was womöglich viele Unternehmer denken, aber kaum einer zugeben möchte. »Erst mal können wir die Leiharbeiter testen, und zwar monatelang. Wer uns nicht gefällt, den können wir zurückgeben. Und wenn mal einer krank wird, Urlaub hat oder sonst wie ausfällt, brauchen wir ihn nicht zu bezahlen. Ist natürlich ein schöner Vorteil unsererseits.«

Was der Vorteil des Kunden ist, ist der Nachteil des Leiharbeiters. Der ist ständig auf Abruf. Uwe Kahl hat gerade wieder ein Rohr fertig gedreht und transportiert es mit einem Kran zu den anderen. Er ist froh, dass er jetzt schon seit ein paar Monaten in derselben Firma bleiben darf. »Ich möchte nicht ständig in neue Betriebe geschickt werden. Alle zwei Wochen in einen anderen Betrieb, bloß weil da welche Urlaub haben. Also, da hat man sich erst mal dran gewöhnt an die Arbeit, dann sagen die, hör mal, du musst schon wieder woandershin. Das ist nichts für mich.« Er hatte sich direkt als Dreher bei Firmen beworben, ohne Erfolg. Aber ihm ist alles lieber als die Arbeitslosigkeit. Als er 1988 mit seiner Familie aus der damaligen DDR kam, waren gute Handwerker wie er noch gefragt. Doch seit Ende der neunziger Jahre gingen die Firmen, bei denen er beschäftigt war, eine nach der anderen pleite. So blieb nur die Leiharbeit. So richtig abgefunden hat er sich damit nicht. Aber eine Wahl hat er auch nicht. »Ich meine, ohne Geld kann man sich nichts kaufen. Und nicht bloß das, man muss auch irgendwie gebraucht werden. Und wenn man keine Arbeit mehr hat und dann noch in meinem Alter, ich meine, so alt bin ich ja nun auch noch nicht. Mit vierundvierzig ist man ja nicht alt. Wenn man dann schon arbeitslos ist, sieht es nicht gut aus.«

Uwe Kahl ist eigentlich ein optimistischer Mensch, keiner, der den Kopf so schnell in den Sand steckt. Der kleine, kräftige Mann mit Brille lacht viel. Einige Leiharbeiter haben sie hier schon kommen und gehen sehen. Viele hatten einen schweren Stand. Uwe Kahl ist dagegen als Kollege voll akzeptiert.

Um halb drei ist Schichtende. Gesicht und Hände sind mit Öl verschmiert. Schnell unter die Dusche, dann macht sich Uwe Kahl mit seinem kleinen Corsa auf den Weg nach Hause. Wir dürfen ihn begleiten. Er hat uns eingeladen, zum Kaffee. Wir halten schließlich vor einem alten grauen Wohnblock im Dortmunder Stadtteil Scharnhorst. »Kommt rein«, sagt seine Frau. Es riecht nach Apfelkuchen. Katrin Kahl hat gebacken. »Hi, Vati!« »Hi, Yvi! Thomas auch da?« Die beiden Kinder Yvonne und Thomas wohnen noch zu Hause, teilen sich ein Zimmer. Sie machen beide eine Ausbildung zum Krankenpfleger. 75 Quadratmeter für vier Personen. Uwe Kahl und seine Familie wollen sich keine größere Wohnung leisten. Wer weiß, wie lange er den Job behält.

Katrin Kahl deckt den Tisch, während ihr Mann in der Küche mit der Kaffeemaschine kämpft. Das alte Ding hat fast schon Museumsreife, es war eine der ersten Sachen, die sie sich damals vor achtzehn Jahren, als sie aus der DDR kamen, gekauft haben. All die Jahre haben sie es nie bereut, dem Sozialismus den Rücken gekehrt zu haben. Er wird diesen Tag im Frühjahr 1988 nie vergessen, als er morgens von seiner Arbeit im Elektromotorenwerk in Dresden zum Ministerium für Staatssicherheit zitiert wird. Als er das kleine schäbige Büro betritt, begrüßt ihn der Mann hinter dem Schreibtisch nicht, sondern kommt sofort zum Wesentlichen. »Der hat mir gesagt, wir hätten bis abends Zeit, unsere Sachen zu packen, alle Formalitäten zu klären und uns von unseren Freunden und Verwandten zu verabschieden. Dann sollten wir mit dem Zug in den Westen verschwinden.«

Pünktlich um 19 Uhr stehen seine Frau und er mit sechs Koffern und zwei Kindern am Bahnsteig. Sie und die anderen Ausreisewilligen werden von Soldaten mit Kalaschnikows eskortiert. »Wir waren froh, aufgeregt und ängstlich zugleich. Wir hatten ja keine Ahnung, was hinter der Grenze auf uns warten würde.« Es ist dieses tiefe Gefühl der Ungewissheit, das für ihn heute noch so greifbar ist wie die Bilder aus dem Zug, mit dem sie damals den Dresdener Bahnhof und ihr altes Leben Meter für Meter hinter sich gelassen haben. Uwe Kahl war Regimegegner und nie in der Partei. Der Kapitalismus war für ihn immer das bessere System. Inzwischen habe er ernsthafte Zweifel bekommen, sagt er.

Mittlerweile sitzen alle am Tisch. Uwe Kahl hat die Kaffeemaschine noch mal zum Laufen gebracht, seine Frau gibt jedem ein Stück Apfelkuchen. Der Adventskranz brennt, und Tochter Yvonne regt sich über den Job ihres Vaters auf, wie so oft. »Du kriegst kein Weihnachtsgeld, kein Urlaubsgeld. Ich meine, du bist doch auch genauso Angestellter, das steht dir doch eigentlich zu.« »Du hast ja recht. Und ich arbeite nicht weniger oder schlechter als die anderen.« »Vor allem hast du auch den Facharbeiter dafür«, ergänzt seine Frau. »Und wie lange du schon in dem Beruf bist«, meint Yvonne. Das haben sie alles schon so oft diskutiert. Uwe Kahl weiß ja selbst, wie ungerecht es bei der Leiharbeit manchmal zugeht. Da arbeiten zwei Kollegen an derselben Maschine, und der eine bekommt nur den halben Lohn, weil er über eine Leihfirma beschäftigt ist. »Ich habe schon von Leihfirmen gehört, da kriegen manche sechs Euro fünfzig als gelernte Dreher in meinem Alter. Also, das darf nicht sein.« »Wie wollen die davon denn eine Familie ernähren?«, fragt sein Sohn Thomas. »Auch wenn du keine Familie hast, du kommst mit sechs oder sieben Euro nicht mehr klar. Das geht nicht«, sagt Uwe Kahl.

Uwe Kahl hat hart mit *Manpower* verhandelt, weil er wusste, dass gute Dreher heute wieder gefragt sind. Zwölf Euro die Stunde bekommt er jetzt brutto. Nur einen Euro weniger als seine festangestellten Kollegen. Doch die haben ihm etwas ganz anderes voraus: Sicherheit. Die hat Uwe Kahl nicht, und das bereitet ihm Bauchschmerzen. Er macht also das, was die meisten Leiharbeiter tun: Er versucht, mit besonders guter Leistung bei der Firma, an die er ausgeliehen ist, aufzufallen. Uwe Kahl schiebt Überstunden, hat im letzten Jahr nur fünf Tage Urlaub genommen, immer in der Hoffnung, von dem Betrieb einmal übernommen zu werden. Kahls größte Sorge ist, dass er als Leiharbeiter einmal weiter weg muss als nach Lünen, das nur eine knappe halbe Stunde entfernt liegt. Letztes Jahr hat ihm die Leihfirma gesagt, dass sie ihn vielleicht nach Hamburg schicken will. Für Uwe Kahl wäre das eine Katastrophe. Noch nie war er für längere Zeit von seiner Frau und den Kindern getrennt. Jetzt strengt er sich noch mehr an. Das Gefühl von Sicherheit – am Kaffeetisch in der kleinen Wohnung im Dortmunder Norden ist es schon lange verschwunden.

»Mein Vater gehört ja eigentlich zu der Generation, die glaubt, dass sie für immer in einem Betrieb bleibt und dass sie nicht so oft wechseln muss. Bei uns ist das heute schon anders«, meint Yvonne. »Wir bekommen schon in der Schule ständig eingeimpft: Glaubt mal nicht, dass ihr an einem festen Arbeitsplatz bleibt. Ihr müsst flexibel denken und flexibel sein.« Uwe

Kahl will es einfach nicht gelingen, sich an diese Situation zu gewöhnen. Wer gibt das vor, ständig flexibel sein zu müssen? Warum können die Firmen das von einem erwarten? Ist es nicht im Gegenzug sein gutes Recht als Arbeiter, auch eine Form von Sicherheit einfordern zu dürfen? »Arbeit ist doch mehr als nur Geld verdienen. Man verbringt im Beruf sein halbes Leben. Man baut Beziehungen zu Kollegen auf, plant Weihnachtsfeiern oder ein Grillfest im Sommer«, sagt er. Doch darauf nimmt bei ihm niemand Rücksicht. Leiharbeiter sind moderne Arbeitsnomaden, die kaum eine Chance haben, irgendwo richtig anzukommen. »Jeder hofft im Stillen, jeder Leiharbeiter, dass er übernommen wird irgendwo in einer Firma. Sonst würde man das ja nicht machen. Ich sage mal so, keinem macht das wirklich Spaß.« Auch mit seinem Chef in der Metallfirma hat Uwe Kahl darüber geredet. Der konnte ihn sogar gut verstehen. Er hat ihm zumindest versprochen, in den nächsten Monaten einmal zu schauen, ob da vielleicht etwas zu machen ist.

Als Christian Sonnenbaum zum ersten Mal durch die Tür der Leihfirma *Randstad* ging, glaubte auch er an seine Chance. Direkt am Eingang hingen blaue Plakate mit Fotos von Menschen, die jung und hübsch und erfolgreich aussahen. Darunter stand: »Nutzen Sie das Sprungbrett *Randstad* zur beruflichen Weiterentwicklung.« Das war vor drei Jahren. Karriere, Traumberuf, von solchen Vorstellungen hatte sich Christian Sonnenbaum da schon länger verabschiedet. Es musste gar nichts Großes sein, er wollte nur einen verlässlichen Job, mit dem er einigermaßen über die Runden käme. Mit vierzehn ist er Punk geworden, hat gegen seine Eltern rebelliert, gerade noch an der Hauptschule seiner Kleinstadt den Abschluss geschafft, dann aber doch die Schlosserlehre abgebrochen. Christian Sonnenbaum hat keine besonders glückliche Kindheit hinter sich. Seine

Mutter hat sich nie so richtig um die Schule und die Hausaufgaben ihres Sohns gekümmert, sein Stiefvater hat nur geschimpft,
wenn er mal wieder mit schlechten Noten nach Hause kam.
»Irgendwann musste ich da einfach raus«, sagt er. Mit siebzehn
ist er zu Freunden ins Ruhrgebiet und dann weiter nach Köln
gezogen. Er hat sich immer mit Aushilfsjobs über Wasser gehalten. Unzählige Male war er beim Arbeitsamt, und ein Mal hat er
eine Arbeitsbeschaffungsmaßnahme absolviert, aber nie eine
dauerhafte feste Anstellung gefunden. Und dann schließlich die
Leiharbeit. Christian Sonnenbaum wollte das nicht auf Dauer
machen. »Klar, lieber hätte ich irgendwas Festes, also eine Festanstellung, ist ja klar, aber so zum Überbrücken ist Zeitarbeit
eigentlich okay.« Das Überbrücken dauert bei ihm jetzt schon
fast drei Jahre.

Der Vierunddreißigjährige ist groß und sportlich. Mit seiner
schwarzen Lederjacke und den nach oben gegelten stacheligen
Haaren sieht er immer noch ein bisschen aus wie ein Punk.
Randstad verleiht ihn meistens an Firmen, in denen kräftige,
zupackende Hände gebraucht werden. Es sind Helferjobs in der
Produktion. Seit ein paar Tagen ist er jetzt bei einer Autozulie-
ferfirma. Wie jeden Freitag kommt er nach seiner Schicht noch
kurz beim *Randstad*-Büro vorbei und reicht seinen Stundenzet-
tel ein. »Und wie passt es bei *TG Automotive*?«, fragt seine Sachbearbeiterin. »Geht so.« »Was heißt denn ›Geht so‹?« »Viel zu
tun, und angeblich soll es weitergehen.« »Das ist doch toll! An
welcher Maschine sind Sie denn jetzt?« »Die Nummer von der
Maschine ist 1407, aber was das genau für eine Maschine ist,
weiß ich auch nicht.«

Eigentlich will Christian Sonnenbaum mit seiner Sachbearbeiterin über etwas ganz anderes sprechen: über Geld. 7 Euro 38
brutto verdient er die Stunde. Er weiß, dass festangestellte Helfer
in der Autoindustrie über zehn Euro verdienen. Das findet er

unfair. *Randstad* hat einen eigenen Tarifvertrag. Das haben mittlerweile fast alle Zeitarbeitsunternehmen. Ansonsten wären sie laut Gesetz nämlich verpflichtet, den Mitarbeitern genauso viel zu bezahlen wie den direkt angestellten Kollegen bei der Einsatzfirma. Mit dem Tarifvertrag können sie diesen Grundsatz umgehen. »Kann man da beim Lohn nicht mal was machen?«, fragt er. Der *Randstad*-Mitarbeiterin ist das Thema sichtlich unangenehm. Im nächsten Jahr solle es eine Tariferhöhung geben, sagt sie. Wenn er Glück habe, bekomme er dann 12 Cent pro Stunde obendrauf. Im Monat hätte Christian Sonnenbaum dann rund acht Euro mehr zur Verfügung. Das hilft ihm nicht wirklich weiter.

Am Nebentisch wird gerade ein gelernter Zahntechniker auf seinen ersten Einsatz vorbereitet. Er soll ab morgen in einem Lager von *DHL* Weihnachtspäckchen sortieren. Irgendwie hatte er sich das hier ein bisschen anders vorgestellt. Die Vermittlerin versucht ihn aufzumuntern. »Der erste Arbeitstag ist immer komisch, und man kennt die Leute nicht«, sagt sie. »Da muss man manchmal durch. Das ist wie – weiß ich nicht, im Kindergarten und der erste Schultag, das war auch nicht angenehm, und hinterher wollte man gar nicht mehr weg.« Musste man ja auch nicht. Bei der Leiharbeit ist es dagegen etwas ganz anderes. Ob man nach zwei Tagen weg oder bleiben will, spielt eigentlich gar keine Rolle. Denn am Ende entscheidet sowieso *Randstad*, wo man als Nächstes eingesetzt wird. Christian Sonnenbaum hat schon dreißig verschiedene Jobs gemacht. Manchmal brauchte er sich nicht einmal die Namen der Kollegen zu merken, weil er am nächsten Tag schon wieder woanders war. Irgendwann gebe es den sogenannten »Klebeeffekt«, haben sie ihm erzählt. So heißt das in der Branche, wenn der Leiharbeiter von dem Entleiher übernommen wird. Bei jedem dritten Leiharbeiter sei das angeblich der Fall, behaupten die Leihfirmen. Christian Sonnenbaum kennt bislang keinen einzigen Kollegen, bei dem das geklappt hätte. »Für wie viele Tage werden Sie jetzt noch verliehen?«, fragen wir ihn. »Bis nächsten Donnerstag.« »Und was kommt dann?« »Keine Ahnung.« »Haben Sie Sorge, dass dann vielleicht nichts kommt?« »Nein, das gibt's nicht. Dazu ist *Randstad* zu groß. Die haben immer was.«

Stammpersonal raus, Leiharbeiter rein

Wir haben uns mit Christian Sonnenbaum am nächsten Tag noch mal verabredet. Heute wollen wir ihn zur Arbeit begleiten. Er hat die Spätschicht bei *TG Automotive*, der Zulieferfirma für die Autoindustrie. Wir treffen uns vor seiner Haustür und fahren gemeinsam eine Stunde mit U-Bahn und Bus bis zu seinem Einsatzort. Für andere Jobs war er schon wesentlich länger unterwegs. Einmal musste er sogar bis nach Holland. Heute muss Christian Sonnenbaum schon wieder an eine neue Maschine. Der Vorarbeiter arbeitet ihn ein. Er zeigt ihm, wie er die schwarzen Bleche in eine Form legen muss. Anschließend stanzt die Maschine Löcher in das Blech. Der Vorarbeiter ist hier seit vierunddreißig Jahren fest angestellt. Er kümmert sich um die fünfzig Leiharbeiter, die hier im Moment beschäftigt sind. Wir wollen von ihm wissen, ob Leiharbeiter manchmal auch übernommen werden. »Weiß ich nicht, kann ich nicht sagen.« »Aber haben Sie mal mitbekommen, dass Leiharbeiter früher einmal übernommen worden sind?« Er überlegt einen Moment, dann sagt er: »Nein, nein.«

Christian Sonnenbaum macht sich keine Hoffnungen, dass er da der Erste sein wird. Er wünscht sich nur, dass er auch nächste Woche wiederkommen darf, denn die Arbeit hier ist in Ordnung. Er hat schon deutlich schlimmere Sachen machen müssen. Bei einer anderen Firma musste er mal Autoteile lackieren. Von den Chemikalien bekam er Ausschlag am ganzen Körper. Ob er bei *TG Automotive* nächste Woche gebraucht und wieder angefordert wird, entscheidet Personalleiterin Caroline Daub. Ihr Büro liegt oberhalb der großen Werkhalle. Von hier oben kann man durch ein Fenster nach unten schauen. Dann sieht man die Gabelstapler wie emsige Ameisen durch die Halle fahren, Maschinen bewegen sich im Takt, Arbeiter laufen hin und her. Augenblicklich ist recht viel zu tun. Nicht nur unten in der Halle, auch hier oben bei der Personalchefin Caroline Daub. Sie muss die Schichten für die kommenden Tage planen. Sie arbeitet gleich mit mehreren Leihfirmen zusammen. An ihrem Telefon hat sie die alle längst unter der Kurzwahltaste gespeichert.

»Sie sprechen mit Caroline Daub, hallo. Ich habe ja den Herrn Höhns abbestellt in der letzten Woche, aber wir brauchen ihn doch. Natürlich ab sofort, Sie kennen das doch. Genau. Heute zur Nachtschicht. Kriegen wir das denn hin, oder haben Sie den irgendwo anders schon im Einsatz?« Von ihrem Chef hat sie einen klaren Auftrag bekommen. Der Anteil der Leiharbeiter in der Belegschaft soll auf 25 Prozent steigen. Das hat sie fast erreicht. »Zwei Herzen schlagen in meiner Brust, wenn ich ehrlich bin«, sagt Caroline Daub. »Als Personaler finde ich es natürlich super. Es ist kostengünstiger als eigenes Personal, es geht verhältnismäßig schnell mit relativ wenig Aufwand für mich. Aus Sicht der Mitarbeiter ist das natürlich so eine Sache. Diese Mitarbeiter verdienen deutlich weniger als unsere Mitarbeiter.«

Sie verdienen sogar oft nur die Hälfte. Häufig sind wir bei unseren Recherchen auf Firmen gestoßen, die nicht über das Thema Leiharbeit sprechen wollten; deshalb sind wir erstaunt, wie offen Caroline Daub über ihren Job, die Vorgaben ihres Chefs und die Leiharbeit redet. Zu offen in den Augen ihres Chefs, wie sich später herausstellt. Unser Gespräch in diesem Büro wird das letzte bleiben. Wir werden nie wieder ein Interview von ihr oder der Geschäftsleitung bekommen. Grund dafür ist folgender Satz von Caroline Daub: »Wir haben beispielsweise jetzt auch Mitarbeiter im Einsatz, die früher mal bei uns beschäftigt waren, die bei uns ausscheiden mussten, als wir Personal abgebaut haben, und die heute über die Leasingfirma bei mir sind, aber weniger verdienen, als sie früher bekommen haben. Das tut schon auch ein bisschen weh.«

Aber so ist die Vorgabe von oben. Die Geschäftsführung will Stammbelegschaft gegen Leiharbeiter austauschen, um billiger und flexibler zu sein. Bei *Airbus* in Hamburg ist mittlerweile ein Drittel der Belegschaft durch Leiharbeiter ersetzt worden, auch *Opel* und *Bayer* haben erst Stammpersonal reduziert und die Lücke anschließend mit deutlich billigeren Leiharbeitern zum Teil wieder aufgefüllt. Einige Unternehmen haben dazu extra eine hauseigene Zeitarbeitsfirma gegründet, bei anderen wurden schlicht zusätzliche Schreibtische in die Personalabteilung gestellt. Dort sitzen dann Mitarbeiter von *Manpower* oder *Randstad*, eine zweite Personalabteilung. Je nach Bedarf holen sie Mitarbeiter rein oder schicken sie wieder nach Hause. Allein der Branchenführer *Randstad* betreut über hundert dieser sogenannten »Inhouse-Service-Projekte«.

Der Betriebsrat von *TG Automotive* hat sich mit der Situation schon abgefunden. »Wenn ich ehrlich bin, halte ich eigentlich nicht viel davon. Ich hätte gern wieder Festpersonal hier. Ich sag mal, die Jungs, klar, die machen ihre Arbeit, kein Thema, aber festes Personal wäre besser.« »Aber damit kommen Sie bei der Geschäftsführung nicht durch?«, fragen wir. »Nein, nein, da kommen wir nicht mit durch. Deswegen nehmen wir ja auch die Leute von der Zeitarbeitsfirma. Die sind ja auch gut, kein Thema.« »Meinen Sie, das ist ein Trend, der noch mal wieder rückgängig gemacht wird?« »Nein, da glaube ich nicht dran. Wäre schön, sage ich, für uns alle, aber da glaube ich nicht dran.«

Arbeiter zweiter Klasse

Als wir ein paar Wochen später in das Büro von *Manpower* in Dortmund kommen, begrüßt uns ein neuer Kollege. Er ist einer von vierhundert neuen Vermittlern, die entsprechend den Plänen der Konzernzentrale in diesem Jahr bundesweit zusätzlich eingestellt werden. Anders ließe sich der enorme Arbeitsaufwand einfach nicht mehr bewältigen. Dann klingelt es. »Hallöchen!« Uwe Kahl kommt durch die Tür. Bei ihm musste der Vermittler damals nicht lange überlegen. Facharbeiter wie ihn nehmen sie hier mit Kusshand. Sie sind bei den Leihfirmen besonders begehrt, weil man für sie einen guten Preis bei den Kunden erzielen kann. Die Leihfirmen bekommen von ihren Auftraggebern im Schnitt etwa das Doppelte dessen, was sie ihrem Mitarbeiter zahlen. Dafür übernimmt die Leihfirma alle Risiken. Wie viel *Manpower* an Uwe Kahl genau verdient, verrät man uns nicht. Über einzelne Gewinnmargen sprechen die Leihfirmen nicht. Der gelernte Dreher Uwe Kahl ist hier so etwas wie ein Premium-Leiharbeiter. Das merkt man daran, dass sich die Filialleiterin persönlich um ihn kümmert. Heute hört sie von ihm Neuigkeiten über seinen Einsatzort, der Metallfirma in Lünen. »Ich soll auf jeden Fall schon mal bis Ende des Jahres dort bleiben«, sagt er. »Bis Ende des Jahres?«, fragt die Chefin. »Auf jeden Fall, ja.« »Wow, das ist ja klasse.« »Mein Chef hat nämlich heute einen Auftrag an Land gezogen, der ist heftig. Also, da müsste ich sogar noch Überstunden kloppen ohne Ende.« »Soll Ihr Schaden nicht sein. Da kann ich ja dann mal den Preis erhöhen«, sagt die Chefin und freut sich.

Uwe Kahls Marktwert ist gerade gestiegen. Die Chefin hofft, dass sie ihn jetzt teurer an die Metallfirma verkaufen kann. Uwe Kahl dagegen nützt das finanziell nichts. Mit den 12 Euro, die *Manpower* an ihn zahlt, sei man schon bis ans Limit des Tarifvertrags gegangen, meint die Chefin. Wer mehr will, müsste schon studiert haben. Nur Ingenieure können in der Zeitarbeit auf 13 oder 14 Euro brutto pro Stunde kommen. Das sind die Topverdiener in einer Branche, die sonst fast ausnahmslos Niedriglöhne zahlt. Auch wenn es nicht mehr Geld gibt, darf Uwe Kahl zumindest erst mal in der Firma bleiben, in der er sich auch wohlfühlt. Auf der einen Seite freut ihn das, auf der anderen heißt das auch ein weiteres Jahr Leiharbeit. »Auch wenn du mit den Kollegen gut klarkommst. Du gehörst nie so richtig dazu, du bleibst ein Arbeiter zweiter Klasse«, sagt er.

Uwe Kahl bleibt keine Wahl. Er rechnet nicht damit, so schnell wieder eine Klasse aufzusteigen. Ihm ist es wichtig, zumindest für seriöse Zeitarbeitsfirmen zu arbeiten. »Es gibt auch Leihfirmen, die versuchen einen über den Leisten zu ziehen. Und das habe ich leider selber erlebt. Das fängt damit an: Die stellen dich am Dritten eines Monats ein und entlassen dich, sag ich mal, kurz bevor ein halbes Jahr um ist, am 28., da sparen die für zwei volle Monate den ganzen Urlaub ein. Vier Tage Urlaub sind das, die man so verliert.« Fast jeder Leiharbeiter kennt solche Geschichten von Ausbeutung, falschen Lohnabrechnungen oder Tricksereien bei den Kündigungsfristen. Auch Christian Sonnenbaum. Heute fertigt er keine Autoteile an, sondern ist an eine Sanierungsfirma ausgeliehen. Neue Woche, neuer Job. In einem Treppenhaus hat es gebrannt, jetzt muss erst einmal eine Spezialreinigung vorgenommen werden. Bevor die Maler kommen, putzen Christian Sonnenbaum und eine Kollegin mit Schwamm und Bürste die Wände und Türen. An solchen Tagen denkt er viel an die einzige Festanstellung zurück, die er vor fünf Jahren einmal hatte. Damals hatte er nette Kollegen und feste Arbeitszeiten. »Ich hatte so zwischen vierhundert und fünfhundert Euro mehr im Monat. Allein das Weihnachtsgeld war höher als bei der Leihfirma der normale Lohn.«

Schon nach sechs Monaten wurde Christian Sonnenbaum gekündigt, weil die Firma in die Pleite steuerte und schließlich von einer anderen aufgekauft wurde. Jetzt ist er eine Art Wanderarbeiter, den man mieten kann. Ein moderner Tagelöhner. Die Hoffnung, der Leiharbeit zu entkommen, nimmt immer mehr ab. Nach mehreren Einsätzen bei verschiedenen Industriebetrieben und Autozulieferern landet er im Sommer schließlich wieder bei *TG Automotive*, wo er bereits im Dezember war. In der Abteilung von Christian Sonnenbaum arbeiten fünfzehn Leute, nur zwei davon sind direkt bei *TG Automotive* angestellt. Hier ist das Unternehmensziel von 25 Prozent Leiharbeitern in der Belegschaft schon übererfüllt. Während die Leiharbeiter früher meist nur Hilfstätigkeiten ausgeübt haben, werden sie jetzt für anspruchsvollere Tätigkeiten eingesetzt. Sie arbeiten in der Montage oder beim Polieren. In Christian Sonnenbaums Abteilung lackieren sie Stoßstangen für *Audi* und den Mini Cooper. Da die Abteilungen chronisch unterbesetzt sind, werden die Mitarbeiter vom Vorarbeiter regelrecht getrieben. »Ich habe oft acht Stunden am Stück gearbeitet, ohne Pausen, nicht mal zum Klo. Wir hatten unglaublich viel zu tun.« Anders als im Dezember bleibt Christian Sonnenbaum diesmal länger. Nach einer gewissen Zeit ist er sogar allein für eine gesamte Abteilung zuständig, weil zu wenig Leute da sind. Doch er bleibt ein Mitarbeiter zweiter Klasse. »Die Stimmung zwischen Festen und Leiharbeitern war eine Katastrophe. Wir hatten kaum noch was miteinander zu tun. Der Frust war riesig.«

Die Situation eskaliert an einem verregneten Sommertag. Christian Sonnenbaum hatte sich morgens um sechs den Gabelstapler genommen, den mit der geschlossenen Kabine, weil er Paletten über den Hof fahren musste. Es regnete wie aus Kübeln. Plötzlich steht ein festangestellter Kollege vor ihm und verlangt den Stapler. Es seien nur noch welche ohne Kabine da. »Steig da runter, du nimmst den Stapler ohne Dach. Schließlich bist du nur Leiharbeiter, und ich bin fest. Und nass werden hier nur die Leiharbeiter.« Das waren seine Worte, erzählt uns Christian Sonnenbaum. Doch er will den Stapler nicht rausrücken. Er ist wütend, fühlt sich gedemütigt. Nach einem heftigen Wortgefecht zieht er schließlich den Schlüssel ab, schmeißt ihn dem Kollegen vor die Füße und geht. Es ist sein letzter Arbeitstag bei *TG Automotive*.

Auch innerhalb der Leiharbeit gibt es noch einen sozialen Abstieg. Christian Sonnenbaum hat das erlebt. Statt nach oben geht es für ihn weiter nach unten. Am Ende steht das Call-Center. Hier wollte er eigentlich nie hin. Zu viel Schlechtes hatte er darüber von den Kollegen gehört. Nachdem sich der Handyhersteller Nokia aus Bochum verabschiedet hat, stehen plötzlich auch viele Leiharbeiter von *Randstad* ohne Arbeit da. Also sitzt auch Christian Sonnenbaum eines Tages ohne einen Einsatz bei *Randstad*. Das ist neu für ihn. »Wir haben im Moment keine Firma für Sie in Essen und Umgebung. Wenn wir nicht bald etwas haben, müssen wir Ihnen leider kündigen«, sagt seine Vermittlerin. Er will aber unbedingt weiter arbeiten – bloß kein Hartz IV. Seine Vermittlerin hat augenblicklich nur noch einen Einsatz im Call-Center. Schließlich akzeptiert Christian Sonnenbaum einen neuen Arbeitsvertrag bei *Randstad* zu schlechteren Konditionen. 35 Wochenstunden für 7 Euro 36 pro Stunde. Das macht im Monat gut 1000 Euro brutto. Davon bleiben ihm netto 800 Euro übrig.

Er wird in ein Call-Center nach Essen geschickt. Er soll Kunden Festnetz-, DSL- und Handyverträge verkaufen. Der Druck ist groß. Es gibt Rankings, wer wie viel an einem Tag verkauft. Christian Sonnenbaum ist nur Durchschnitt. Am Ende macht ihn diese Arbeit völlig fertig. Er hat ständig das Gefühl, anderen Menschen etwas aufzuschwatzen, sie übers Ohr zu hauen. Kurz bevor sein Einsatz endet, bietet das Call-Center Christian Sonnenbaum eine Festanstellung an. 1000 Euro brutto im Monat plus Provisionen. Die erste Festanstellung seit fünf Jahren. Er lehnt ab. »Ich bin einfach kein Typ für diesen Job.« Vielleicht würde er es schaffen, am Ende des Monats 100 oder 150 Euro mehr Geld in der Tasche zu haben als jetzt. Doch für welchen Preis? Christian Sonnenbaum will es lieber weiter mit der Leiharbeit probieren. Er hat die Hoffnung noch nicht aufgegeben, dass er irgendwann irgendwo endlich einen richtigen festen und akzeptablen Job findet.

Inzwischen ist es fast fünf Jahre her, dass Christian Sonnenbaum zu *Randstad* gekommen ist. »Zum Überbrücken ist das ganz okay«, hatte er uns einmal gesagt. Er überbrückt immer noch, und manchmal befürchtet er, dass das noch sehr lange so weitergehen könnte. Eine echte Chance auf einen festen, gutbezahlten Job sieht er im Moment nicht.

Wer hat in seinem Leben wann die Entscheidungen getroffen, die dazu führten, dass er heute mal hier, mal da als Wanderarbeiter anheuert? Dass er selten mehr verdient als sieben Euro brutto in der Stunde? War es ein Fehler, sich auf die Leiharbeit einzulassen? Viele Alternativen hatte er damals nicht. Warum nicht? Sind die Weichen schon viel früher gestellt worden? Als er die Ausbildung abbrach? Als er in der Schule nicht zurechtkam? Als es so viele Probleme zu Hause gab?

Von Essen fahren wir ein paar Kilometer weiter nach Wattenscheid zur Fröbelschule. »Die einzige Perspektive, die ich für meine Schüler sehe, ist das Leben mit Hartz IV«, hatte Christoph Graffweg, der Rektor der Wattenscheider Förderschule, gesagt. Hat er recht? Fällt die Entscheidung darüber, was aus wem wird, tatsächlich schon mit der Einschulung? Oder sogar noch früher? Christoph Graffweg lädt uns ein, ein Jahr an seiner Schule zu verbringen. Zuerst nimmt er uns mit in seine Klasse, in die Achte. Die Schüler hier sind gerade vierzehn Jahre alt. Haben zumindest sie noch echte Chancen auf eine gute Zukunft?

BILDUNG

In der letzten Stuhlreihe der achten Klasse kramt Sara in dem,
was sie Schultasche nennt: ein kleines Mäppchen, darin Handy,
Lipgloss, eine Büroklammer – vielleicht ist Rebeccas Piercing-
Loch wieder zugewachsen. »Mehr brauche ich nicht«, sagt sie.
Kein Buch, kein Heft, denn an der Fröbelschule gebe es für die
oberen Klassen schon seit einiger Zeit keinen normalen Unterricht mehr. Mit dem Gong kommt Rektor Christoph Graffweg
in die Klasse mit den gelben Wänden. Er hat sein orange-grünes
Holzfällerhemd an, Jeans, die Kette mit den Schulschlüsseln
klimpert an seinem Gürtel. »Guten Morgen und hinsetzen,
bitte!« Dann holt er das Unterrichtsmaterial der achten Klasse
aus der braunen Ledertasche: *Aldi*-Prospekte der letzten Woche.
»Sara, ich möchte, dass ihr aus den Angeboten ein Frühstück zu-
sammenstellt, möglichst günstig, ihr wisst Bescheid.« Christoph
Graffweg ist zweiundfünfzig Jahre alt und seit vier Jahren Rektor
an der Fröbelschule. Da in seiner Zeit hier nur vier seiner Schüler nach dem Abschluss einen Ausbildungsplatz bekamen, hat er
den Lehrplan komplett umgeworfen. Und so steht neben Geo-
metrie und Grammatik auch Hartz IV auf dem Stundenplan.

Die Förderschule nannte man früher auch »Sonderschule«. Da
das zu sehr nach »aussondern« klang, wurde sie Mitte der
neunziger Jahre in »Förderschule« umbenannt. 400 400 Kinder
in Deutschland besuchen eine Förderschule, das sind rund
4,5 Prozent aller Schüler.

Quelle: Statistisches Bundesamt (2008)

Die regulären Schulbücher hat Christoph Graffweg aus seinen Klassen verbannt, und während die Schüler rechnen, hat er Zeit, uns zu erklären, warum er das getan hat. »Die meisten, die hier sitzen, kommen zu Hause mit ganz wenig Geld klar. Zwei Drittel der Eltern meiner Schüler sind arbeitslos. Vor fünf Jahren waren es nur ein Drittel! Und diese Schüler hier haben heute nicht einmal mehr die Chance auf einen Arbeitsplatz für Geringqualifizierte.« Seine Aufgabe sei es, die Schüler auf das Leben nach der Schule vorzubereiten. »Ich sehe als einzige Perspektive für sie im Moment die Arbeitslosigkeit, Hartz IV. Und wie sie damit umzugehen haben, lernen sie hier im Unterricht, mit diesen ganz besonderen Inhalten.« Die erste Konsequenz für Christoph Graffweg: Weg mit den normalen Schulbüchern! »In diesen Mathebüchern wird mit Krediten gerechnet, da werden Häuser gebaut und Fahrradtouren gemacht. Meine Schüler werden keine Häuser bauen, die machen keine Fahrradtouren, aber sie werden einkaufen müssen und vor allem billig einkaufen müssen, und das üben wir hier.«

Hartz IV im Unterricht – das ist für uns zunächst unvorstellbar, für die Schüler ist das Alltag. Sie sind schon mitten in ihrer Aufgabe: einmal Moreno-Trinkschokolade, Westminster-Tee, Goldähren-Weizentoastbrot und eine Packung Geflügelwurst. Die meisten in der Klasse rechnen und vergleichen Preise. Sara guckt aus dem Fenster. Sie gehört zu denen, die keine Lust haben, in der Schule für ein Leben ohne Geld zu lernen. Sara lebt mit ihrer Mutter allein, auch sie bekommen Hartz IV. Der Vater ist schon länger weg, mit ihrer Mutter spricht sie selten. Sara schminkt sich gern, bindet ihre blonden Haare meistens zu einem dicken Zopf. Wenn sie mal neue Anziehsachen hat, wollen die anderen Mädchen in der Klasse die auch. Und wenn sie nicht in die Schule geht, bleiben ihre Freundinnen auch weg. Oft kommen sie erst nach der großen Pause in die Schule. »Mittagsschicht« nennen sie das.

Sara mag die Schule nicht, es ist kein guter Ort, um länger mit ihr zu reden. Wir verabreden uns für den nächsten Mittag mit ihr, weit weg von dort. Was macht das mit den Kindern – Hartz IV im Unterricht? Was halten sie von der Idee ihres Rektors? Und was für eine Vorstellung haben sie selbst von ihrer Zukunft? Das alles wollen wir sie fragen.

»Ich habe eigentlich nur den Lehrplan uminterpretiert«, sagt Christoph Graffweg, während er seine Sachen packt und die Klasse wechselt. Für die Schüler heißt das konkret: statt Vorbereitung auf eine Ausbildung Vorbereitung auf das Leben ohne Arbeit. »Wo sonst Hans der Häuslebauer in den Rechenbeispielen unterwegs war, ist es bei uns jetzt der Arbeitslose Klaus.« In Klasse 9, gleich nebenan, sucht der Arbeitslose Klaus nur eine Schulstunde später eine Wohnung. Es ist die Abschlussklasse, die Klasse von Andrea. Andrea, die immer noch auf einen Ausbildungsplatz bei *Kaufland* hofft. »Kann Klaus sich jede Wohnung leisten?«, fragt Graffweg in die Runde. Andrea starrt vor sich hin und hat andere Sorgen. Ihrer Stiefmutter geht es jeden Tag schlechter. Nachts wacht sie oft auf. Auch wenn ihr Vater sich dann meistens kümmert, sie selbst kann dann auch nicht mehr schlafen. »Ich habe gerade zu viele Dinge im Kopf«, sagt sie. Noch drei Monate, dann ist es mit der Schule vorbei. Und danach? Noch hat sie nicht aufgegeben, egal was ihr Vater oder ihre Lehrer meinen. Andrea reagiert anders als viele ihrer Mitschüler. Sie will die Ausbildung, unbedingt. Oder zumindest ein Praktikum bei *Kaufland*, im Supermarkt. Dann wäre sie irgendwann Einzelhandelskauffrau … »Andrea! Kann Klaus sich jede Wohnung leisten?«, fragt Christoph Graffweg noch einmal. »Nein, kann er nicht.« »Matthias?« »Die Wohnung darf bis 306,77 Euro kosten.« »Wer trägt die Kosten für die Wohnung?« Graffwegs Schüler haben in der letzten Stunde gut aufgepasst und antworten: »Der Staat.«

Pause – und für Andrea Zeit zum Geldverdienen. Mit ihrem Klemmbrett hat sie es sich auf der Schultreppe bequem gemacht. Einen Euro bekommt sie pro Tag dafür, dass sie in eine Liste einträgt, wer auf die Schultoilette geht und dann auch wieder rauskommt. »Gegen Vandalismus!«, sagt sie. Viele hier haben ihren Frust an den Waschbecken ausgelassen. Zwanzig Minuten haben Andrea und die anderen Zeit, bis sie wieder in die Klassen müssen. »Meine Mutter lacht sich kaputt, wenn sie sieht, was wir im Unterricht machen.« Sara aus der Achten und ihre beste Freundin haben sich gerade neben Andrea gesetzt. »Da brauch ich eigentlich gar nicht mehr zu kommen, wenn wir solche Sachen im Unterricht machen. Was sollen wir dann überhaupt noch hier?«, sagt Sara. Und: »So denken wir alle hier.« Andrea ist sich da nicht sicher, sie will es auf jeden Fall versuchen und in den nächsten Tagen mal bei *Kaufland* vorbeigehen, um zu gucken, was aus ihrer Bewerbung geworden ist.

»Nimmst du die Kreide mit, Andrea?«, ruft der Rektor. Nach der Pause kommt für Andrea der Praxistest – mitten auf dem Schulhof. Wie groß darf die Wohnung sein, wenn man nach der Schule vom Staat lebt? Andrea ist müde. »Nicht größer als vierzig Quadratmeter!«, sagt Christoph Graffweg und zeichnet mit den Händen ein Viereck in die Luft. Er bedeutet seinen Schülern jetzt mit den Umrissen anzufangen. Sie sollen die kleine Wohnung in Originalgröße mit Kreide auf den Schulhof malen, um sich die Größe besser vorstellen zu können. Christoph Graffweg meint das ernst. »Andrea, du malst, ich messe«, schlägt Nicole, ihre Freundin, vor. 40 Quadratmeter – mehr ist mit Hartz IV oft nicht drin. »Wenn man es sich gut einteilt …«, überlegt Mehmet laut. Eng wird es trotzdem. »Worauf würdet ihr in eurer Wohnung am ehesten verzichten?«, ruft Rektor Graffweg und fährt sich durch die grauen Locken. Dann wird diskutiert. Ein Klappsofa sei sinnvoll, dann bräuchte man schon mal kein Schlafzimmer. Und essen könne man ja auch auf dem Sofa – Tisch gespart. »Bei den Eltern unserer Schüler sehe ich die Probleme, die Menschen haben, wenn sie nicht richtig auf ein Leben mit wenig Geld vorbereitet sind«, erklärt Christoph Graffweg. »Viele verstehen zum Beispiel gar nicht, was auf ihren Kontoauszügen steht, weil sie die fast schon kryptischen Kürzel nicht deuten können.« Und weil die Hartz-IV-Bescheide so kompliziert aufgebaut seien, sagt er, würden viele Eltern auch die nicht verstehen. »Das will ich unseren Schülern hier ersparen, und deshalb machen wir alles anschaulich.« Als der Grundriss der Wohnung fertig ist, laufen Andrea und die anderen durch die imaginären Zimmer und versuchen, sich mit ihren gemalten 40 Quadratmetern anzufreunden.

Ein Viertel der Familien von Förderschülern hat im Jahr unter 20 000 Euro brutto zur Verfügung. Das bundesdeutsche Durchschnittseinkommen liegt bei 42 000 Euro pro Haushalt. In keinem anderen Industrieland ist der Schulerfolg des Kindes so abhängig vom sozialen Status der Eltern wie in Deutschland.

Quellen: PISA-Studie (2006), Statistisches Bundesamt (2008), Universität Hamburg (2007)

Als Rektor Graffweg damals Lehrern und Eltern seine Idee »Hartz IV im Unterricht« vorgestellt hat, waren viele entsetzt, erstaunt: Ist er besonders realistisch, oder gibt er damit die Schüler auf? Kann er so etwas an einer staatlichen Schule machen? Vor Konsequenzen hat Christoph Graffweg keine Angst. So steht das zwar alles nicht im Lehrplan, »im Lehrplan steht ›Berechnung von Flächen und Umrissen‹«. Ob nun aber Häuslebauer Hans oder der Arbeitslose Klaus im Beispiel auf seinen Arbeitsblättern auftauchen, das sei egal. Ob er seinen Schülern nicht die Hoffnung nehme, die Motivation, fragen wir. »Welche Hoffnung? Ich kann ihnen keine Hoffnungen machen. Für manche hier ist es natürlich noch schwierig, die Realität so zu akzeptieren, wie sie ist. Aber das ist das, was sie nach der Schule erwartet.«

Wir treffen Sara am nächsten Mittag draußen. Jetzt, im Sommer, ist der Schwarm Mädchen entweder auf den Wiesen an der Ruhr oder an der alten Zeche *Holland* am Stadtrand unterwegs. Sie schwänzen oft. Wenn sie mal wieder in der Schule sind, müssen sie den Unterricht nachholen. Im schlimmsten Fall gibt es ein Bußgeld. »Was sollen wir noch da, wenn wir es eh nicht schaffen?«, fragt Sara wieder und tritt gegen eine leere Cola-Flasche. »Wenn ich eh arbeitslos werde, muss ich das nicht auch noch in der Schule lernen.« Was sie denn nach der Schule am liebsten mal machen will? »Keine Ahnung. Zum Amt gehen halt.« Sara ist fit und schnell im Kopf. Trotzdem wurde sie von der Grundschule über die Hauptschule bis zur Förderschule nach unten durchgereicht, weil die Lehrer es irgendwann aufgegeben hatten; weil sie schnell auf hundertachtzig ist, wenn sie nur jemand anrempelt. Bei Kleinigkeiten hat sie sich schon nicht mehr im Griff.

Die Gruppe Mädchen fällt auf in Wattenscheid, sie sind immer zu mehreren unterwegs. Weniger als fünf, sechs sind sie selten, die Jüngsten hier sind dreizehn Jahre alt. Sie lachen zusammen, rauchen, sitzen an der Haltestelle und pfeifen den Jungs hinterher. Sie kennen sich von der Schule oder aus dem Ort; wer mit wem befreundet ist, das wechselt ständig. Im Moment sind Sara und Rebecca ABF, »allerbeste Freundinnen«, übersetzen sie uns. Sie gehen in dieselbe Klasse. Rebecca ist klein und kompakt, sie hat die Haare zurzeit rot gefärbt, meistens trägt sie ihre Jeans in den Stiefeln. Bei allen, die mit unterwegs sind, ist zu Hause einiges im Argen. Einige von ihnen leben schon länger nicht mehr bei ihren Eltern, sondern in einer betreuten Wohngruppe oder im Heim. Hier draußen finden sie es schöner als zu Hause. Ihre Sorgen erzählen sie sich nur untereinander, sie helfen sich gegenseitig, geben sich Ratschläge, so gut das eben geht. Familienersatz.

Als wir an der Polizeiwache vorbeikommen, grüßt eines der Mädchen aus der Gruppe zwei Beamte, die gerade in ihren Wagen steigen. Man kennt sich. Geklaut haben einige schon mal, Schminke aus dem Supermarkt zum Beispiel. Außerdem »boxen« sie sich ab und zu, das heißt, sie prügeln sich, halb Spaß, halb Ernst, draußen oder auf dem Schulhof. Und weil sie das nicht immer unter Kontrolle haben, hat die eine oder andere von ihnen auch schon eine Anzeige wegen Körperverletzung erhalten. Bisher sind sie alle jedoch mit gemeinnütziger Arbeit als Strafe davongekommen. Nachdem wir einige Tage mit Sara und den anderen verbracht haben, haben wir vor allem eine Frage: Was machen diese Mädchen auf der Förderschule, auf der Schule für Lernbehinderte? Was macht es unmöglich, sie in eine allgemeine Schule zu integrieren? Denn anstrengend mögen sie sein, aber »blöd sind wir nicht«, sagt Sara und zieht mit den anderen in Richtung Zechengelände davon.

Nur in Deutschland besucht der Großteil der Kinder, die eine besondere Förderung brauchen, auch besondere Schulen. In Italien bleiben 99 Prozent von ihnen auf der allgemeinen Schule, in Schweden 96 Prozent.

Quelle: World-Vision-Kinderstudie (2007)

Einfach aussortiert

Zu dem, was an der Fröbelschule passiert, hat in Wattenscheid inzwischen jeder eine Meinung. Für die einen ist Rektor Graffweg ein Realist, einer, der die Situation erkannt, der begriffen hat, dass es keinen Sinn hat, den Kindern falsche Hoffnungen zu machen, und der sie nun auf das vorbereitet, was sie nach der Schule erwarten wird, statt sie mit unrealistischen Beispielen zu quälen. Für die anderen ist das, was er macht, die Bankrotterklärung des Bildungssystems. Kindern mit fünfzehn, sechzehn zu sagen, dass aus ihnen nichts wird – das sei unmenschlich und brutal, hören wir immer wieder. Es müsse doch auch für diese Kinder einen Platz in der Arbeitswelt geben! Die Kinder könnten doch nichts für ihre Familien! Rektor Graffweg kennt die Argumente: »Nicht weil ich diesen Unterricht anbiete, sind die Schülerinnen und Schüler in dieser Situation«, sagt er. »Sie sind in dieser Misere, weil es in dieser Gesellschaft keinen Platz für sie gibt.«

Christoph Graffweg sitzt in seinem Büro. An den Wänden hängen gerahmte Bilder. Die Ausstellung reicht bis unter die Decke, kaum ein Platz ist noch frei, bunte Ablenkung. Wenn der Chef überhaupt mal ein paar Minuten für sich hat, macht er hier die Tür zu und denkt nach. Tee gibt es immer, seine Zigarette hat er draußen geraucht. »Man muss sich fragen, ob das Problem an meiner Schule oder ob der Fehler im System liegt«, sagt er. Er spricht langsam, deutlich und wohlüberlegt wie immer. Die meisten Schulen versuchen die Probleme hinter verschlossenen Türen zu lösen. »Lehrer lassen sich oft nur ungern über die Schulter gucken.« Warum hat er trotzdem Ja gesagt, als wir gefragt haben, ob wir ihn und seine Schüler ein Jahr lang begleiten können?

Alles begann mit der Rütlischule in Berlin. Über die habe er viel gelesen, bevor er sich entschlossen habe, uns zu sich zu lassen. Als die Lehrer der Berliner Hauptschule im März 2006 einen Brandbrief an die Berliner Senatsverwaltung schickten, weil sie mit den Problemen ihrer Schüler einfach nicht mehr klarkamen, hatte man in Deutschland schon einmal über das ungerechte Schulsystem diskutiert und auch über die Aggressivität, die an den »unteren Schulformen« herrscht. Diskutieren, genau das will Christoph Graffweg auch endlich mal. Die gleiche Medienaufmerksamkeit wie bei der Rütlischule will er für seine Schule natürlich nicht. Provozieren will er trotzdem. »Das deutsche Schulsystem ist darauf ausgerichtet, dass diese Kinder und auch die Kinder von der Hauptschule mit Ansage durch den Rost fallen. Früher war das anders. Da waren hier wirklich nur lernbehinderte Kinder.« Heute seien hier die Kinder, die zu Hause so viele Probleme hätten, dass sie sich kaum noch konzentrieren könnten. Kinder aus armen Familien, aus Familien, in denen wenig funktioniere, in denen es ständig Ärger gebe, in denen die Eltern keine Arbeit hätten und die Kinder keine Anreize zum Lernen. »Die Frage ist eben nur, ob man diese Kinder besonders fördert, wenn man sie alle bei uns zusammensteckt. Wenn sie hier auch noch voneinander lernen. Wenn wir gar nicht das Personal haben. Wo sind denn die ›vielfältigen pädagogischen Angebote‹, von denen alle reden?« An der Fröbelschule würden sie alles versuchen, sagt er, aber allein bekämen sie das Problem nicht in den Griff. »Ich bin der festen Überzeugung, dass wir es uns nicht leisten können, all diese menschlichen Ressourcen zu verschenken.«

Christoph Graffweg ist überzeugt, dass es für seine Schüler besser wäre, wenn sie auf normale Schulen gehen dürften. Und wenn man sie schon zusammensteckt, müsse man sich zumindest besser um sie kümmern. »Die, die das entscheiden, müssen einsehen, dass wir mehr Geld, richtig mehr Geld und mehr Leute und auch Psychologen brauchen.« Christoph Graffweg hat sich in Rage geredet. »Was sollen wir eigentlich noch leisten?«, fragt er. »Eigentlich müssten wir den Unterricht hier zu zweit machen«, das ist seine Forderung. »Das gibt es auch schon in anderen Ländern.« Dort kümmert sich ein Lehrer um die Probleme der Kinder, die sie von zu Hause mitbringen, der andere vermittelt den Lernstoff. »Ein Lehrer allein kann das nicht leisten. So ist manchmal die Stunde vorbei, ohne dass es nur eine Minute Zeit zum Lernen gab. Nach den Ferien zum Beispiel. Oder einfach nur montags. Da müssen erst mal die Dinge besprochen werden, die in den Familien am Wochenende passiert sind, und da bleibt für Lernen oft einfach keine Zeit.« Solange sich nichts Grundsätzliches ändert, müsse für seine Schüler ein richtiger Aufwand betrieben werden. Man könne es sich nicht leisten, die alle einfach aufzugeben, weil man sie und ihre Arbeitskraft brauche. »Aber solange nichts passiert, mache ich hier eben weiter Hartz IV im Unterricht.«

Ob PISA-Test, IGLU-Studie, KESS oder LAU, die aktuellen Forschungsprojekte untersuchen nur drei Schultypen: Hauptschule, Realschule und Gymnasium. Die Förderschule kommt nicht vor. Insgesamt beschäftigt sich die Mehrheit der aktuellen Qualitätsanalysen mit Gymnasien und Hochschulen.

Förderschule, Klasse 1

Während in Deutschland jede Woche eine neue Privatschule öffnet, besuchen in Wattenscheid und anderswo immer mehr Kinder aus Familien, die wenig haben, die Förderschule, und sie kommen immer früher. Die Jüngsten hier sind sechs, sieben Jahre alt, die Förderschule hat eine erste, zweite, dritte und vierte Klasse. Die meisten sind nur kurz auf der Grundschule, dort, wo eigentlich alle mindestens vier Jahre zusammen sein und miteinander lernen sollten. Erst fallen sie auf, dann sind sie weg. Die Themen in Klasse vier sprechen für sich. Heute geht es um Freundschaft. Wie gehe ich mit Menschen um, die ich mag?

Auch Leonie ist in der vierten Klasse. Sie muss zu Hause immer noch viel helfen, ihrer Mutter geht es immer noch nicht besser. Auch Leonie war erst auf einer ganz normalen Grundschule. Auch sie wurde nach unten durchgereicht. Sie kam in ihrer Klasse nicht klar, war hibbelig und nervös. In einem Prüfverfahren entschieden Lehrer und Schulamt, Leonie müsse besonders gefördert werden, und auf der Förderschule sei sie erst mal besser aufgehoben. »Meine Mutter sagt, ich bin hyperaktiv«, erklärt uns Leonie. »Weißt du, was das genau ist?«, fragen wir sie. »Das ist so, wie wenn man zu viel Cola getrunken hat«, sagt Leonie und bastelt weiter.

Leonie kommt gut mit in der Fröbelschule, sie hat immer alle Sachen dabei, rechnet fleißig und fühlt sich dort auch wohl. Hier ist es einfach für sie. Sie werde hier »für immer« bleiben, das wisse sie, sagt Leonie und meint damit: Einmal schlecht, immer schlecht. »Vielleicht komm ich noch auf eine andere Schule, auf eine Hauptschule«, strahlt ihr Sitznachbar Nils, »wenn die noch einen Platz frei haben.« »Hier kommt man nicht runter!«, Leonie ist sich sicher. »Hier kommt man nicht weg.« »Hier kommt man runter. Wetten wir?« Nils ist heute angriffslustig. »Nein! Ein Lehrer hat gesagt, hier kommt man nicht mehr runter, wenn man einmal hier auf der Schule ist.« »Ja, das wollen wir ja mal sehen …« Leonie hat eine Idee, jetzt kriegt sie ihn: »Ja, wenn es auf einer anderen Schule noch einen Platz für dich gibt, warum bist du dann überhaupt hier draufgekommen? Das frag ich mich dann«, kontert sie. »Weil ich nicht gelernt habe!« »Ach so, alles klar. Das glaubst du doch wohl im Leben nicht!« »Ich komm hier runter!« »Nein!« »Doch!« Die Zahlen geben Leonie recht.

Rückwärtslaufen mangelhaft

»Können Sie rückwärtslaufen?«, hatte uns der Rektor ziemlich
am Anfang unseres Aufenthalts an der Fröbelschule gefragt.
Und bevor wir antworten konnten, sagte er: »Viele hier nicht.«
Christoph Graffweg sieht sich auf dem Schulhof um. Es ist große
Pause. »Wer immerzu Videospiele spielt, lernt vielleicht, stra-
tegisch zu denken, aber er weiß irgendwann nicht mehr, was
hinter ihm los ist. Wer nie auf einen Baum klettert oder auf der
Straße spielt, lernt auch nicht, sich in alle Richtungen zu orien-
tieren. Das versuchen wir hier dann nachzuholen. Ganz schön
spät«, sagt er und zieht die Augenbrauen hoch.

Andrea ist froh, dass ihre Lehrer glauben, dass es an dieser
Stelle noch nicht zu spät für sie ist. Sie ist siebzehn und war mit
ihrem Sportlehrer nun zum ersten Mal in einem Schwimmbad.
Zu acht sind sie nun hier. Sie sind alle noch sehr vorsichtig, das
Wasser geht ihnen gerade mal bis zur Brust. Langsam geht Andrea am Rand entlang. »Ohne Hilfe kann ich nicht!«, sagt sie
und hält sich an einem blauweißen Schwimmbrett fest. Sie traut
sich noch nicht ins Tiefe. Andrea paddelt ein bisschen. Unter-

tauchen ist so eine Sache. Schließlich wagt sie es doch. Ohne Brett schafft sie schon fast eine Bahn – noch etwas hektisch, aber es klappt. »Die meisten hier haben Probleme, sich vier, fünf Minuten am Stück zu bewegen«, sagt Andreas Sportlehrer. Ihm fallen die motorischen Probleme seiner Schüler nicht nur im Schwimmbad auf. In der Turnhalle macht er mit ihnen statt Ballspielen erst einmal Gleichgewichtsübungen. Viele haben Probleme, sich auch nur wenige Sekunden auf einem Bein zu halten. Und er übt mit ihnen, links und rechts zu unterscheiden, balanciert, guckt, dass sie lernen, Arme und Beine richtig zu koordinieren. Andrea taucht auf und freut sich. Sie nimmt die Schwimmbrille ab. »Klappt schon ganz gut! Das hat mir ja nie einer beigebracht!«

Es ist nicht nur die Bewegung, die den Schülern fehlt. Zu Hause in den Familien liest zum Beispiel selten jemand vor oder geht mit den Kindern nach draußen, spielt oder macht Musik mit ihnen. Auch stellen die Lehrer fest, dass bei ihren Schülern zu Hause wenig geredet wird, schon gar nicht über Gefühle.

In der Unterschicht können knapp 20 Prozent weniger Kinder schwimmen als in der Oberschicht. Etwa die Hälfte aller Förderschüler verbringt zwei und mehr Stunden täglich vor dem Fernseher.

Quelle: Universität Hamburg (2005), World-Vision-Kinderstudie (2007)

Wir sind wieder in Christoph Graffwegs Büro, die große Pause ist gerade vorbei, und er hat eine Freistunde. »Es ist doch genau das, worüber alle immer reden: Bildung beginnt nicht erst in der Schule. Denken, Sprache, Motorik, Lernverhalten werden schon früh gebildet. Das ist ein Koffer voller Möglichkeiten, und je voller er sein wird, desto besser kann das Kind in der Zukunft darauf zurückgreifen.« Wenn seine Schüler eingeschult werden, ist der Koffer oft fast leer. Lange hat er über dieses Dilemma gegrübelt, die Lehrer haben konferiert, immer wieder, bis sie sich schließlich entschieden haben, die Eltern mit in die Schule zu holen. »Man kann die Situation der Kinder eigentlich nur verbessern, wenn wir die Eltern stärker machen«, erklärt Christoph Graffweg. Die Lehrer wollen die Verantwortung, die ihnen die Eltern aufgeladen haben, in Teilen wieder zurückgeben. »Erziehungsfreizeiten mit Lehrern und Eltern, Elterncamps, wo sie lernen sollen, richtig mit ihren Kindern umzugehen, Trainings, das ist der Plan fürs nächste Jahr«, berichtet er euphorisch.

Sie versuchen alles, und trotzdem weiß Christoph Graffweg nicht, wie er all den Problemen begegnen soll. Kann die Schule das Elternhaus ersetzen? Soll man das überhaupt versuchen? Seit Jahren führt der Rektor Buch. Er erzählt, dass es längst nicht mehr ungewöhnlich sei, Kinder der Unterstufe für mehrwöchige Aufenthalte in Kinder- und Jugendpsychiatrien unterzubringen. »Es scheint normaler zu werden, dass Kinder psychisch behandelt und mit Medikamenten stabilisiert werden.« Und: Die Zahl der Kinder mit Missbrauchserfahrungen steige. »Ich bin im Grunde hilflos«, sagt Christoph Graffweg wieder ganz ruhig, »weil ich weiß, dass ich die Situation der Kinder in den Familien nicht nachhaltig verbessern kann. Die Not der Kinder, der wir nicht begegnen können, ist die psychische Not.«

Die Ausreißer

Eigentlich wollten wir heute mit Sara ein Interview führen, doch Rebecca, ihre allerbeste Freundin, ruft eine Stunde vorher ganz aufgeregt an: Sara und eine Freundin seien von zu Hause weggelaufen. Sie mache sich Sorgen und wolle sie suchen. Wir gehen mit. Die Polizei ist schon alarmiert und sucht mit einem Einsatzwagen auf den Ruhrwiesen nach den Kindern. »Sara hatte einfach keine Lust mehr auf zu Hause«, vermutet Rebecca. Ihr reicht das als Begründung. Wir sind gerade einmal zehn Minuten unterwegs und gehen mit ihr über einen großen Parkplatz hinter der alten Zeche *Holland*, als Rebecca auf einmal losrennt. »Sara, bleib stehen!« Das war Glück. Sara bleibt stehen. Und dann erzählen die Ausreißer. Die Nacht haben sie in Autos verbracht. Ein Autohändler hat sie ihnen aufgeschlossen, das hat er schon öfter mal gemacht. »Nett, oder?«, freut sich Sara. Im Supermarkt haben sie sich heute Morgen heimlich die Haare gekämmt und die Wimpern getuscht. Die Knie sind blutig, an den Armen haben sie überall Schrammen. »Hast du dich geritzt?«, fragt Rebecca Sara. »Ne, wir haben uns in den Büschen vor den Bullen versteckt.« Ritzen, das bedeutet, sich selbst zu verletzen. Meistens machen die Mädchen das mit Glasscherben, sie ritzen sich Namen oder Daten in den Arm. »Wenn man Stress hat, macht man das«, hatte uns Rebecca erklärt. »Und wird es dann besser?«, hatten wir sie gefragt. »Nein, wird es nicht.«

»Du gehst wieder nach Hause!« Rebecca redet inzwischen bestimmt, fast ein bisschen mütterlich auf Sara ein. »Ich gehe nicht wieder nach Hause!« »Versprich mir, dass du deine Mutter wenigstens anrufst!« Damit hat sie Erfolg. Sara hört auf sie. Sie alle hier sind jetzt gerade mal dreizehn, vierzehn Jahre alt und haben im Grunde keine Beziehung mehr zu irgendeinem Erwachsenen, zu ihren Eltern nicht und zu den Lehrern erst recht nicht. Aber sie helfen sich untereinander. Saras Vater hat von der ganzen Sache überhaupt nichts mitbekommen. Saras Mutter hat ihrer Tochter hinterhertelefoniert, die Suche nach ihr hat sie der Polizei überlassen. Am Abend kehrt Sara wieder nach Hause zurück, aber dort wird sie nicht lange bleiben.

Was passiert mit Kindern, die schon so früh lernen, dass sie zu denen gehören, die später keine Chance haben werden? Und betrifft das nur die Kinder auf der Förderschule? Wie sieht es in den anderen Schulen aus? Ist es da besser? Als nach dem »Fall Rütli« die Diskussion um das Thema »Aggressivität und Gewalt an Schulen« begann, machten wir uns auf die Suche nach einer Hauptschule. Wir wollten herausfinden, warum gerade an den Hauptschulen viele so aggressiv gegenüber Lehrern, aber auch gegenüber Mitschülern sind. Wir suchten gezielt nach einer »Durchschnittshauptschule« ohne große Besonderheiten und wurden im Rheinland, in Köln, fündig. Jede dritte Familie der Schüler an dieser Schule, die in einem Kölner Randbezirk liegt, ist nach Deutschland eingewandert. Für eine Hauptschule ist das eher wenig, trotzdem gibt es hier mindestens so viele Probleme wie Schüler.

Der Unterricht ist gerade vorbei. Florian und Dennis aus der Achten und ein paar anderen Jungs aus dem Viertel stehen auf dem Pausenhof. Erst drucksen sie ein wenig herum. Dann erzählt Florian doch, was passiert, wenn die Lehrer nicht so genau hingucken. »Ich bin schon auch öfter mal asozial zu anderen«, sagt er. »Es gibt Leute, die ziehen andere ab wegen Geld oder so oder Zigaretten.« »Wie läuft das ab, wenn die einen abziehen?«, fragen wir. »Die gehen hin und sagen: ›Komm mal her.‹ Und wenn du nicht kommst, kriegst du Schläge, und dann ist das Geld schon da.« »Ist euch das schon mal passiert?« »Ne, wir machen das selber«, lachen sie. »Worum geht's denn da, wenn man was haben will?«, fragen wir in die Runde. »Um Geld, Handys, MP3-Player, alles, was wertvoll ist und was man gut verkaufen kann.« »Wenn mir einer doof kommt, dann mache ich ihn erst mal an, und wenn er mich dann weiter abfuckt, dann gebe ich

ihm einfach eine.« »Ja, bei uns auf der Schule gibt's eigentlich …
es gibt relativ viel Gewalt«, sagt Dennis, der neben Florian steht.
»Aber die Lehrer kriegen das mittlerweile gar nicht mehr so
richtig mit. Und selbst wenn, ist es auch schon so weit, dass die
Lehrer sich gar nicht mehr richtig durchsetzen können.«

»Wenn man einen abzieht«, sagt Florian, »dann hat es oft
nichts mehr mit Verkaufen zu tun, sondern eher damit, dass ich
das jetzt haben will. Hauptsache, man hat einen erniedrigt und
dem was weggenommen.« »Nach einer Zeit wird man selber so«,
sagt Dennis. »Nach einer Zeit denkt man sich auch, ich lasse das
nicht mehr mit mir machen, ich mache das lieber selber, und
dann habe ich einen Namen und stehe nicht mehr so klein da.
Das ist wirklich bei den Schülern schon so.« Jetzt sind sich alle
einig. »Entweder man hat einen Namen auf einer Schule, oder
man hat keinen. Hat man keinen, dann wird man runterge-
macht, hat man einen, steht man mit denen ganz oben dabei.«

Die Gewalt an Schulen geht insgesamt zurück. Die Zahl
der gewalttätigen Intensivtäter ist an Hauptschulen doppelt
so hoch wie an Realschulen und viermal so hoch wie an
Gymnasien.

Quelle: Kriminologisches Forschungsinstitut Niedersachsen (2007)

Wie entstehen Frust und Gewalt bei den Schülern? Mit Dennis,
Florian und den anderen kommt man normalerweise gut zurecht. Sie sind höflich, pünktlich und zuverlässig. Wieso sind sie
trotzdem immer wieder so brutal zu anderen?

Die ersten Antworten finden wir schon bei den ganz Kleinen,
in der fünften Klasse. »Wie war das, als ihr gehört habt, dass ihr
nach der Grundschule auf die Hauptschule kommt?« Pascal,

Nava und Marcel sind alle in diesem Jahr zehn geworden und sitzen zusammen auf einer nicht unbedingt einladenden Bank-Tisch-Kombination aus modrigem Holz auf dem Pausenhof. Sie wollten ihr Interview gern zu dritt machen. »Dann fühlen wir uns besser.« Pascal fängt an. »Wir haben erst mal so ein Blatt bekommen, da stand das dann, wer aufs Gymnasium geht, wer auf Real- und wer auf die Hauptschule, und da habe ich es erfahren.« »Also, ich war auch ganz traurig«, schiebt Nava hinterher. »Ich habe mir auch viel Mühe gegeben, aber es hat nicht gereicht.« Marcel wird kurz energisch: »Das ist egal, auch wenn du auf der Hauptschule bist, du hast noch ein paar Chancen!« »Nur dass du kein Abitur kriegst oder so.« Das war Pascal. »Das ist ja auch klar«, gibt Marcel zu. »Aber du hast noch viele Chancen für dein Leben und deine Zukunft. Ich möchte aber nicht mit diesem Schulabschluss von der Hauptschule erreichen, dass ich hier noch Kloputzer werde.« »Wie bitte?« Marcel bleibt ganz ernst. »Wenn ich hier Hauptschulabschluss mache, kann ich ja höchstens Kloputzer oder so werden.«

Sie sind erst zehn Jahre alt und genau wie Leonie aus Wattenscheid schon enttäuscht, wenn sie hören, was sie nach der Hauptschule erwartet. Auch sie fühlen sich jetzt schon als Verlierer. Sie haben das Gefühl, der Abschluss, den sie hier bekommen, ist nichts wert und sie damit auch nicht. Wie kommen sie darauf? Schnell stellt sich heraus: Sie haben das von den Großen gehört, von Florian und den anderen, die sie nach der Schule draußen treffen. Wie die Mädchen in Wattenscheid verbringen auch die Kölner Hauptschüler ihre Freizeit vor allem gemeinsam draußen. Zwischen den Hochhäusern lässt man sie in Ruhe. Hier gibt es eine kleine Unterführung, ein paar Betonklötze zum Sitzen, das geht ganz gut. Anderswo gibt es Ärger. »Zum Beispiel am ›Haus am See‹«, erzählt Florian, als wir nach der Schule mit allen zusammensitzen. Er ist groß und blass. Er lebt bei seiner

Mutter und ihrem neuen Mann. »Beim ›Haus am See‹ waren wir mit den SV-Vorsitzenden, also mit den Klassensprechern, und wollten ein Boot ausleihen. Und dann haben die uns erst mal gefragt, aus welcher Schule wir sind. Da haben wir gesagt, ja, wir kommen aus der Hauptschule, und die meinten direkt: Nein, dann geht das nicht. Da haben wir gefragt, warum, und da meinten die: ›Die Schüler, die vor euch kamen, die haben einfach viel zu viel Mist gebaut, und deswegen wollen wir nicht mehr, dass die Schule hier auftaucht.‹ Der Ruf, der bringt's einfach. Es gibt einfach zu viele Hauptschüler, die sich schlecht benehmen. Deswegen!«, sagt er.

Fast eine Stunde lang erzählen sie uns, wann und wo sie als Hauptschüler schlecht aufgenommen, schlecht aufgefallen, schlecht behandelt worden sind. Das Wort, das am häufigsten fällt, ist »Respekt«. Davon bekämen sie gern mehr, sagen sie. Ob sie denn selbst Respekt vor anderen haben?, fragen wir zurück. Vor den Lehrern zum Beispiel? »Auf keinen Fall. So wie die mit uns umgehen.« Was heißt das?, fragen wir uns und sie und besuchen in den nächsten Tagen auch hier den Unterricht.

Deutschstunde, neunte Klasse, bei Klaus Breuer. Der Unterricht findet in einem Baucontainer statt, die Schule platzt aus allen Nähten. Für einen Anbau war kein Geld da, deshalb war das die beste Lösung. Es müffelt, der Putz kommt von der Decke. »Und dann geht das hier weiter, da hat der Text ein Loch. Wenn der ein Loch hat, dann heißt das Ganze Abschnitt. Und was hilft uns das?«, fragt Klaus Breuer und gibt sich selbst die Antwort. »Einen unbekannten Text zu erschließen. Das ist euer Job. Pascal, wenn du es schon nicht im Kopf hast, dann könntest du wenigstens ins Buch gucken. Also, ich muss die Hauptschulprüfung nicht machen, ich habe die schon.« Klaus Breuer hat die Nase voll. Er bereite nur auf die Realität vor, sagt auch er. Und dass das für diese Art von Schülern schwierig werde, das sei doch klar. »Ich sage denen, wie es draußen ist, und das im Maßstab eins zu eins«, erzählt er. »Ich sage immer, hinter den Schultüren beginnt die wirkliche Welt, und ich bereite darauf vor. Vielleicht etwas brutaler als andere. Das kriegen die von mir eins zu eins mit. Für die geht's um alles.« Seine Schüler seien nach diesem neunten Schuljahr entweder stolze Besitzer eines Hauptschulabschlusses, oder sie hätten keinerlei Beleg über ihre Schulleistung. »Ob ich ein Abitur mache mit 2,6 oder 2,3, das ist nicht der Punkt«, sagt der Lehrer. »Hier geht's wirklich um die Wurst. Und das sage ich denen auch. Bei manchen hilft der Druck, dass sie es akzeptieren und auch darüber nachdenken und nicht sagen, ach, der blöde Lehrer, und bei manchen ist das einfach nur Widerwille, der sich dann ergibt, klar.«

Abreagieren

In Köln gibt es einen Ort, wo Florian und die anderen hingehen können, wenn sie gar nichts mehr mit sich anzufangen wissen; wo sie ihren Ärger irgendwie loswerden können. Im Keller des Jugendzentrums bekommen sie einmal in der Woche Boxtraining, umsonst. Hier liegen ein paar blaue Matten auf dem Boden, die Wände waren einmal weiß, von der Decke hängen Boxsäcke. Es riecht, als ob man dreißig Jungen nach dem Sport tagelang hier eingesperrt hätte, ohne mal das Fenster zu öffnen. Eine Möglichkeit, zu lüften, gibt es gar nicht. Für teure Freizeitangebote haben auch ihre Eltern kein Geld. Florian hilft Ali dabei, die Boxhandschuhe anzuziehen. »Flo, Ali, auf geht's!« Zum Glück gibt es Mustafa. Der dreiundzwanzigjährige Türke ist der Trainer der Jungs und macht das gern, ohne Bezahlung. Vor fünf Jahren war er hier selbst noch Schüler. »Ich geh eigentlich nur trainieren, um einen besseren Körper zu kriegen, um ein bisschen fitter zu werden«, japst Florian und kloppt auf den roten Boxsack ein. Mustafa grinst. »Ich habe selber Respekt vor den Jungs«, erklärt er. Er zwinkert, hebt die Schultern und entschuldigt sich für sein Deutsch. »Egal, ob der ist fünfzehn Jahre, ich habe selber Respekt. Ich sage erst mal ›Hallo‹ zu ihm. Dass Respekt so kommt. Ich kann nicht sagen: Hey du, ich bin der Ältere, du musst zu mir erst mal sagen ›Hallo‹ – das ist kein Respekt. Das ist einfach Angst. Ich sage ihnen: Die Zukunft ist gut!«

»Haben die Lehrer keinen Respekt vor den Jungs?«, fragen wir. Da dreht Florian sich um. »Ich finde, die haben nicht so richtig Respekt vor uns«, meint er und boxt weiter. »Hier ist ein Ort, da sind wir ganz anders. Also, normalerweise bauen wir viel Scheiße, wirklich, und hier machen wir einfach, was der Trainer sagt, also, was man uns sagt.«

Währenddessen haben Pascal, Nava und die anderen aus der fünften Klasse Sport in der Schulturnhalle. Sie spielen Fangen. Immer wenn man einen erwischt hat, muss der stehen bleiben und scheidet aus. In der Halle ist ein ohrenbetäubendes Geschrei, weil der Fänger die anderen nicht nur antippt, sondern manchmal auch einfach umwirft. Ein lauter Pfiff bringt die Kinder zur Ruhe. Nicht alle bleiben stehen. Dass es hier etwas ruppig zugehe, sei normal, sagt Christiane Priester, die Sportlehrerin, und steckt die Trillerpfeife in die Tasche ihrer blauen Trainingshose. Neu aber sei, dass die Größeren so brutal mit den Kleinen umgehen. »Es fehlt den Kleinen wirklich an Respekt teilweise. Dann kriegen sie von den Großen mal einen auf die Mappe, wenn sie frech werden.« Pascal ist nicht einverstanden, er sieht die Schuld ganz eindeutig bei den Großen. »Die beleidigen uns, die schlagen uns. Die treten uns, schubsen uns, nehmen unsere Sachen weg, das finde ich nicht mehr normal«, sagt er und stopft seine Sachen in einen kleinen Turnbeutel.

Sein bester Freund Marcel läuft schon los, er wird heute ausnahmsweise von seiner Mutter abgeholt. »Wir wollten ihn vorher auf der Realschule anmelden, genau deshalb. Aber das hat absolut nicht funktioniert, die wollten ihn nicht nehmen«, erzählt sie. Kaum war Marcel dann auf der Hauptschule, sagte er: »Da bin ich ja der Loser Nummer eins.« »Und da habe ich gesagt, das bist du nicht. Du darfst hier genauso den Abschluss machen wie andere auch. Aber das muss er erst mal verstehen. Er ist gut in der Schule, und das reicht. Er hat eigentlich einen Notendurchschnitt für eine Realschule. Aber wenn die ihn nicht wollen, dann bitte schön.«

50 Prozent der Eltern von Gymnasiasten haben Abitur.

10 Prozent der Eltern von Hauptschülern haben Abitur.

8 Prozent der Eltern von Förderschülern haben Abitur.

Quelle: Universität Hamburg (2007)

»Die kleinen Kinder haben einen Traum, später einen Beruf zu machen«, sagt Nava ein bisschen altklug und guckt Marcel hinterher. Sie wartet noch auf ihre Mutter. »Aber wenn sie groß werden, dann wird das nichts, das ist das Problem.« Darf man diese Sorge schon mit zehn haben?

Ferien für immer

Für Andrea ist das heute kein guter Tag. Sie kommt gerade von *Kaufland*, dem Supermarkt, bei dem sie nach der Schule gern ihre Ausbildung zur Einzelhandelskauffrau angefangen hätte.

»Die haben schon welche.« Sie guckt ins Leere. »Schade. Ich hätte gerne dieses Jahr da mit der Ausbildung angefangen. Aber was nicht ist, ist nicht.« Es gongt. In ihrer Klasse, der Abschlussklasse, fängt der Unterricht an. Andrea ist mit ihrem Problem nicht allein, bisher hat keiner ihrer Mitschüler eine Ausbildungsstelle gefunden. Weil das so ist, bereitet Klassenlehrerin Eva Herkendell ihre Schüler jetzt auf viel Freizeit vor. »Nächste Aufgabe! Überlegt euch doch mal, was ihr in eurer Freizeit alles machen könnt hier in Wattenscheid. Was kann man machen? Euch wird bestimmt etwas einfallen!« Andrea knabbert an ihrem Stift: Was kann man machen? Kino fällt ihr ein, malen, spazieren oder ins Internetcafé gehen. Im Nu haben sie ein ganzes Plakat gefüllt. Bei den anderen sieht es ähnlich aus: chatten, schwimmen, Kaffee trinken.

»Nächster Arbeitsschritt!«, ruft Eva Herkendell. »Ihr kreist jetzt ein, am besten mit einem roten Stift, all die Freizeitmöglichkeiten auf eurem Plakat, die Geld kosten.« Eva Herkendell wandert durch die Klasse, guckt ihren Schülern über die Schulter. Es ist Sommer und furchtbar warm. Andreas Klasse ist ihre erste Abschlussklasse. Die Idee ihres Rektors, die Kinder auf das »wirkliche Leben« nach der Schule vorzubereiten, unterstützt sie voll und ganz. »Die haben natürlich schon die Hoffnung, dass es doch noch klappt. Das ist dann manchmal hart«, sagt sie. Andrea konzentriert sich. »Schwimmen – kostet Geld, Internetcafé – kostet Geld.« Am Ende der Stunde hängen alle Schüler nach und nach ihre Plakate an die grüne Tafel und präsentieren die Ergebnisse. Trocken fasst Eva Herkendell schließlich zusammen: »Umsonst ist eigentlich nur Spazierengehen. Wenn ihr nach der Schule arbeitslos seid, also von Arbeitslosengeld II lebt, dann habt ihr für die meisten Dinge nicht so viel Geld zur Verfügung.«

Aber viel Zeit werden ihre Schüler zur Verfügung haben, viel Freizeit. Jetzt sollen sie lernen, wie sie die dann möglichst kostengünstig rumkriegen. »Nehmen Sie ihren Schülern auch manchmal bewusst die Hoffnung?«, fragen wir sie. »Ja, klar. Und dann sehe ich meine Aufgabe eigentlich eher darin, dass man grundsätzliche Werte vermittelt – wie gehe ich durchs Leben, auch wenn manches schiefläuft, ohne dass ich total abrutsche? Das sehe ich dann eher als meine Pflicht.«

Etwa 80 Prozent aller Förderschüler verlassen die Schule ohne einen Hauptschul- oder Realschulabschluss.

Quellen: Statistische Ämter des Bundes und der Länder, Schulstatistik (2006/2007)

Andrea mustert ihre Lehrerin ausgiebig. »Ich würd' schon gerne noch ein bisschen länger hierbleiben«, flüstert sie. Nach der Absage vom Supermarkt hat sie auf einmal doch Angst davor, was kommt, wenn es mit der Schule vorbei ist. Was ihre größte Sorge ist? »Dass ich nach der Schule mit niemandem mehr reden kann, wenn ich Hilfe brauche oder Probleme habe«, sagt sie. »Das kann man hier auf der Schule schon, mit den Lehrern reden.« »Und zu Hause?«, fragen wir. »Zu Hause kann man nicht immer reden. Also, ich kann zu Hause nicht über alles reden.« Zwei Wochen sind es noch bis zum Abschluss. Den ersten Termin beim Arbeitsamt hat Andrea schon vereinbart.

An einem warmen Junitag geht Andrea zum letzten Mal zur Fröbelschule. Sie ist nicht gut drauf. Vor zwei Wochen ist ihre Stiefmutter gestorben. Eben war Andrea noch auf dem Friedhof, wie jeden Tag vor der Schule. Ab morgen ist es mit der Schule vorbei. Die jüngeren Schüler haben auf dem Hof einen Wunschbaum gebastelt. Auf bunten Zetteln kann die Abschlussklasse ihre Wünsche für die Zukunft aufschreiben und den Baum dann damit schmücken. Auf dem ersten, rosa Zettel steht in Großbuchstaben: ENTLICH SIND DIE WEG. Andreas Klassenlehrerin Eva Herkendell steht direkt neben dem Wunschbaum über einen Kinderwagen gebeugt. Es gibt schon das erste Baby in ihrer Klasse. Sabine hat ihre Tochter kurz nach ihrem sechzehnten Geburtstag in den Osterferien bekommen, sie wird sich nun nach der Schule zusammen mit ihrem Freund erst mal um ihr Kind kümmern. Und die anderen? »Einige hier bekommen noch Bescheid vom Arbeitsamt, aber das dauert eben unglaublich lange. Das heißt, viele hier wissen noch gar nicht, was passiert«, erklärt die Lehrerin. »Ich soll mich da ja auch noch mal melden«, sagt Andrea zaghaft. »Mmh.« Eva Herkendell nickt und schiebt für uns hinterher: »Ein ganz fester Bestandteil vom Tagesablauf bricht jetzt weg für die Schüler. Das heißt, viele gehen nun in die Sommerferien, und mal sehen, wie lange die dann dauern sozusagen.« Ferien für immer, sagen hier manche dazu.

»Susanne, Kippe aus, es gibt Zeugnisse!« Rektor Graffweg ruft seine Schüler zusammen und bereitet sich in der kleinen Aula, die eher ein breiter Schulflur ist, auf seine Abschlussrede vor. Die Schüler sind da, die meisten Eltern auch. Es gibt Kaffee und Kuchen. Christoph Graffweg hat das karierte Hemd zugeknöpft, einen dunklen Schlips umgebunden. Auch wenn er genau weiß, in was für eine Zukunft er seine Schüler heute entlässt, etwas festlich soll dieser Tag schon sein. Dann geht es endlich los: »In den Zeugnissen, die ich gelesen habe, habe ich erkannt, dass es einige von euch gibt, die sehr, sehr gute Leistungen erbracht haben.« Andrea hebt den Kopf und sieht nach vorn. »Aber: Keiner von euch wird eine Ausbildung beginnen!« Christoph Graffweg hat sich vorgenommen, auch heute konsequent zu bleiben. »Finanzielle Sicherheit, ein eigenständiges Leben zu führen, das steht für euch noch in weiter Ferne. Ihr werdet euch noch mehr Mühe geben müssen, denn nur mit Weiterqualifizierung, Weiterlernen wird es möglich sein, dass ihr irgendwann vielleicht doch eine Ausbildung bekommt. Wer die Mühe und die Anstrengung nicht auf sich nimmt, wird keine Chance haben, wird vielleicht in irgendwelchen Ein-Euro-Jobs bei Hartz IV landen.«

Andrea guckt auf den Boden. Sara ist auch da. Sie ist neugierig. Obwohl sie erst übernächstes Jahr dran ist, will sie wissen, wie dieser Tag abläuft. Auf einmal ruft Mehmet dazwischen: »Sie machen uns ja voll Hoffnung!« »Ich beschreibe die Wirklichkeit«, kontert Graffweg. »Ich kann euch da keine Hoffnungen machen. Kein Lehrer ist froh, dass das so ist, ich bin nicht froh, und ihr seid auch nicht froh, aber das sind die Sachen, die auf euch warten.« Und als es dann so weit ist und Andrea vom Rektor ihr Zeugnis in die Hand bekommt, muss sie erst mal ein paar Tränen wegwischen. »Ich musste eben schon fast heulen«, sagt sie ganz leise. »Ist schon schade, dass wir jetzt hier wegmüssen.«

Andrea verlässt den Raum, sie hat auf der Fröbelschule einen guten Hauptschulabschluss gemacht. Aber gereicht hat das trotzdem nicht.

STAAT

Als die Jahrhundertreform Hartz IV beschlossen wurde, war Andrea gerade einmal vierzehn Jahre alt. Jetzt, drei Jahre später, steckt sie mittendrin. Die Hartz-Gesetze sollten die Arbeitslosigkeit innerhalb von vier Jahren halbieren, nicht mal annähernd hat das geklappt. Jetzt, zwei Monate nach ihrer Abschlussfeier, sitzt sie wieder in einer Klasse. Hier sind die Wände grau statt gelb, und alle, die hier sind, hätten nach der Schule gern eine Ausbildung gemacht, haben aber keine bekommen. Andrea hat eine neue Frisur, die Haare gehen ihr jetzt nur noch bis zum Kinn, sie sieht ein bisschen älter aus. Sie ist dem Rat ihres Rektors gefolgt. »Ich will mich hier noch mehr weiterbilden«, erklärt sie uns.

Andrea sitzt in der Wattenscheider Berufsschule – nur mit »Beruf« hat das hier leider wenig zu tun. Ihre Klasse ist eine Sonderklasse. Das, was die Jugendlichen hier im nächsten Jahr machen werden, heißt EQJ, das Sonderprogramm zur Einstiegsqualifizierung Jugendlicher. Im gleichen Gebäude sitzen die, die es geschafft haben, die Friseur, Verkäufer, Maurer oder Fliesenleger werden dürfen. Wenn deren Berufsschulunterricht in ein paar Wochen vorbei ist, gehen sie in ihre Betriebe zurück. Auch Andrea und ihre Klassenkameraden gehen nach dem Berufsschulblock in ihre Betriebe zurück, nur machen sie dort keine Ausbildung, sondern ein sehr langes Praktikum, aus Steuermitteln, vom Staat finanziert.

Wenn Andrea sich in ihrer Klasse umsieht, weiß sie: Alle, die hier sitzen, hoffen, dass der »sanfte Übergang«, von dem hier alle reden, so klappt, wie sich die Bundesregierung das vorstellt. Während andere in ihrem Alter sich Gedanken machen, ob sie nach der Ausbildung eine Arbeit finden, macht Andrea sich Gedanken, ob sie nach ihrer Qualifizierung überhaupt eine Ausbildung findet.

Am Nachmittag läuft Andrea wieder los in Richtung Zentrum, zum *Kaufland*. Dorthin, wo die Berufsschulkollegen aus dem ersten Stock ihre »richtige« Ausbildung machen. Andrea räumt im Supermarkt Europaletten leer, Regale ein: Dosensuppen, Gemüsekonserven, Obstgläser. Dafür läuft sie immer wieder zwischen dem Lager und den Regalreihen hin und her. Sie beeilt sich, die Gestelle müssen immer voll sein. Andrea hat eine blaue Schürze an und einen kleinen Anstecker mit ihrem Namen: »Andrea, Praktikant«. Für sie ist klar: Egal was kommt, rumhängen will sie nicht. Auch wenn es keine echten Ausbildungen, keine echte Arbeit für sie gibt, der Staat bietet zahlreiche Alternativen, gerade für die ganz Jungen. Das hat sie in der Schule bei Rektor Graffweg gelernt. Andrea ist vorbereitet auf die staatlich geförderte Arbeitswelt. Die Alternativen zur Ausbildung im Betrieb heißen dann eben EQJ oder BvB (Berufsvorbereitende Bildungsmaßnahmen), BVJ (Berufsvorbereitungsjahr) oder TMK (Trainingsmaßnahme mit Kenntnisvermittlung). Und wenn das alles nichts gebracht hat, dann gibt es noch den Ein-Euro-Job. Den hat Andreas Vater schon hinter sich, als Hausmeister. Andreas Vater war einer von 300 000 Ein-Euro-Jobbern in Deutschland. Dreitausend von ihnen arbeiten nur eine halbe Stunde Fahrzeit von Wattenscheid entfernt, in Hagen.

Ein Euro pro Stunde?

Die ersten Hagener Ein-Euro-Jobber treffen wir auf dem Friedhof, der oberhalb der Stadt auf einer kleinen Anhöhe liegt. Klausi Sünerwald und fünfunddreißig andere säubern hier Gräber, harken Laub. Dafür gibt es keine festen Stellen mehr, das machen sie. Sie haben mal als Maler oder Dachdecker gearbeitet, Klausi Sünerwald hat Eisenbahnwaggons gereinigt. Jetzt sind sie hier, und Ivo Joksimovic ist ihr Chef. »Aufsteigen!« Wortlos und mit sicheren Bewegungen klettern die zehn Mann in den grünen Arbeitsanzügen auf die Ladefläche des Transporters. Der Friedhof ist so groß, dass die Ein-Euro-Jobber von Ivo Joksimovic zu ihren verschiedenen Einsatzstellen gefahren werden müssen. Hinten sitzen sie sich gegenüber, mit Schippen, Harken und Eimern bewaffnet, der Weg ist uneben, sie müssen sich gut festhalten. Vorn sitzen wir mit ihrem Chef im Führerhaus, die Fenster sind geschlossen. Der kleine dunkelhaarige Mann macht keinen Hehl daraus, was er und die anderen Festangestellten von den Ein-Euro-Job-Kollegen halten: »Die einzelnen Truppen von uns, die wollen die alle gar nicht mithaben. Also, wenn es nach der festen Belegschaft geht, würde kein Ein-Euro-Jobber hier arbeiten. Manchmal wünschte ich mir das auch, es ist wirklich schwierig. Und wenn die Leute hier noch nicht mal ihre Stunden schaffen, dann weiß ich nicht, wie sie im freien Arbeitsmarkt überleben wollen.« »Es sind also nie alle da?« »Nie. Die meisten wollen auch gar nicht arbeiten«, sagt er und schaltet den Motor ab. »Reinhard und Michael, schneidet ihr die Gräber? Und denkt dran, es könnte passieren, dass ihr nachher selber fegen müsst, also schneidet ordentlich, langsam, und versaut nicht so viel drum rum. Klausi, du bleibst dann hier und machst hinterher sauber.«

Vor drei Jahren hat Klausi Sünerwald seinen Job verloren. Danach bewarb er sich, aber es kamen nur Absagen. Jetzt fegt der schmale, hagere Mann mit den kleinen schwarzen Locken behutsam das Laub zwischen den Gräbern weg. »Ich hab hier schon Äste gesammelt, Regenrinnen sauber gemacht, auch von Laub befreit. Das war's, was ich bis jetzt gelernt habe. Und die Rasenmäher hab ich richtig schön sauber gemacht.« Er denkt kurz nach. »Und ich habe auf die Geräte einen Zettel geklebt, wenn was kaputt war. Das sind bis jetzt die drei Wochen gewesen, aber ich bin gespannt, was noch kommt!« Ein halbes Jahr lang wird der Ein-Euro-Job dauern. »Ich will auch gerne weitermachen, ich würde ganz gern hier auch die Ausbildung machen.« Eine Ausbildung als Garten- und Landschaftsbauer, in der Arbeitsagentur hatte man auch ihm gesagt, das hier sei der »sanfte Übergang« in die Arbeit. Klausi Sünerwald verlässt sich erst mal darauf.

Im Moment fühlt er sich als Angestellter des Staates. Er tue etwas für sein Arbeitslosengeld, so verstehe er das Ganze. Nur mit der Höhe der Bezahlung ist er überhaupt nicht einverstanden. Immer wieder führt er mit seinem Chef Diskussionen über dieses Thema. »Sagen wir es mal so«, beginnt Klausi Sünerwald heute die Auseinandersetzung, »es geht um den Ein-Euro-Job, um den einen Euro, dass du nur für eine Stunde den einen Euro

kriegst. Wenn man das ausrechnet, ist das in der Minute ungefähr ein Pfennig, noch nicht mal ein Pfennig!« Ivo Joksimovic,
sein Chef, ist rot angelaufen und wippt mit dem Fuß nervös auf
und ab. Er hat eigentlich anderes zu tun, will weiter, kann es
nicht mehr hören. »Einen Cent«, berichtigt er ihn erst mal.
»Wenn schon. Bei hundert Stunden hast du einen Stundenlohn
von sieben Euro, mein Freund, und das netto. Wie viel ist dein
Lebensunterhalt? Dreihundertfünfundvierzig Euro, oder?«
»Dreihundertfünfundvierzig Euro«, antwortet Klausi Sünerwald. »Wie hoch ist deine Miete?«, will Joksimovic wissen. »Mit
Nebenkosten zweihundert.« »Zweihundert, das sind zusammen
schon mal fünfhundertfünfundvierzig, also ist dein Stundenlohn sieben Euro. Du kannst dir erlauben, mal nicht zu kommen, du kannst dir einen Urlaub erlauben, wie auch immer.«

Michael Schulz steht am Rand eines Familiengrabs und hört
schmunzelnd zu. Er hat die sechs Monate Ein-Euro-Job schon
hinter sich. Danach gab es hier keinen sanften Übergang, keine
feste Stelle für ihn. Doch auch für diesen Fall hatte das Amt noch
ein allerletztes Mittel: »Job plus« heißt das. »Job plus ist einfach so
eine Art Verlängerung«, erklärt er uns. »Das geht jetzt noch mal
sechs Monate. Drei Monate davon sind eine Qualifizierung, die
mache ich hier, und drei Monate Berufsvorbereitung. Man übt
Bewerbungsschreiben und solche Sachen, Bewerbungstraining
halt«, sagt er. »Und was hört man so von den Aussichten danach?«, fragen wir. »Keine Ahnung, das läuft ja noch nicht lange.
Also, ich erhoffe mir natürlich eine Festanstellung, denn ich hab
auch zwei kleine Kinder. Ich wünsch mir, dass ich halt irgendwo
fest reinkomme. Man erhofft sich immer irgendwas, das ist klar.«

Dass es mit diesen Hoffnungen so eine Sache ist, sagt uns sein
Chef ein paar Minuten später, wieder im Transporter. Er macht
das Fenster zu und wird dann deutlich: »Also, wenn sich jemand
bei mir bewirbt und sagt: Ich habe hier ein Zeugnis, ich habe

schon als Ein-Euro-Jobber sechs Monate auf dem Friedhof gearbeitet – ja, toll. Also, ich weiß nicht, ob er dadurch eher einen Job kriegt.«

Die Mittagspause der Ein-Euro-Jobber beginnt mit einem Abstieg; die Obdachlosentafel liegt unten im Tal. Klausi Sünerwald und die anderen essen jeden Mittag dort. Seit es Hartz IV gibt, kommen zu Peter Prinz, dem Chef der Hagener Suppenküche, deutlich mehr Ein-Euro-Jobber als Obdachlose. 480 warme Essen gibt er mit seinen Leuten jeden Tag aus, bald soll hier angebaut werden. »Hartz IV macht arm«, das ist seine Meinung. Als es leerer wird, setzt sich Peter Prinz zu den vier Jungs vom Friedhof. »Manchmal, wenn man sich das so als Außenstehender besieht«, sagt er und sucht eine Zeit lang nach einem passenden, aber eben nicht zu despektierlichen Wort, denn er will die Jungs auf keinen Fall beleidigen, »also, mir kommt das mit dem Ein-Euro-Job manchmal wie so eine Art Ausbeutung vor.« »Meinst du Sklavenarbeit?« Klausi Sünerwald hat sich seine Gedanken schon gemacht. »Ja, das ist es teilweise. Das ist es teilweise.« Peter Prinz wird mutiger. »Wenn man ehrlich ist, dann muss man das so bezeichnen. Die sagen ja, die Leute waren vorher auf der Straße, die müssen jetzt erst daran gewöhnt werden, dass sie morgens wieder pünktlich sein müssen und so. Aber derjenige, der sich wirklich Mühe gibt, der hat trotzdem keine Perspektive, denn nach einem halben Jahr stehst du wieder genau da, wo du vorher gestanden hast. Das ist ein Kreislauf, und aus diesem Kreislauf kommst du nicht raus.«

Oben im kleinen Aufenthaltsraum des Friedhofs machen die Jüngeren ihre Pause. Viele, die dort arbeiten, sind unter fünfundzwanzig, sie werden – wie Andrea – seit Hartz IV vom Staat besonders gefördert. Echte Ausbildungsplätze gibt es zwar auch für sie nicht, dafür umso mehr Qualifizierungs- und Trainingsmaßnahmen. »Ich glaube, wir haben euch auch angemeldet für einen Staplerschein«, wirft Chef Ivo Joksimovic in die wenig motivierte Runde. Der Raum ist düster, es gibt einen kleinen Tisch, fünf unterschiedliche Plastikstühle, eine Kaffeemaschine, Kaffeesahne und eine Zuckerpackung, es zieht. Staplerführerschein, Schweißkurs oder Kettensägenlehrgang, die staatlich finanzierten Programme wechseln, das Problem bleibt.

Mustafa zum Beispiel ist ein Jahr älter als Andrea, gerade neunzehn Jahre alt. Er macht auf dem Friedhof etwas Ähnliches wie Andrea im Supermarkt, eine Qualifizierungsmaßnahme im Garten- und Landschaftsbau. Doch im Gegensatz zu Andrea hat Mustafa schon mehrere Stationen des staatlichen Ausbildungsersatzes hinter sich. »Seit wann ich Maßnahmen mache?« Mustafa grinst und stellt seine Tasse ab. »Zwei Jahre, fast drei Jahre mache ich das schon. Im Metallbereich, Holzbereich, Maler, Streicher, als Maurer, aber man findet keinen Job. Wenn man denen dann die Qualifizierung vorlegt, sagen die: Ja, vom Arbeitsamt, das gilt nicht, das ist nicht vollständig, oder man hat nicht genug gelernt, oder – keine Ahnung.« Vom Amt bekam Mustafa in diesem Jahr nicht ein einziges Stellenangebot. Ob er Vertrauen habe, dass von da noch mal was kommt, fragen wir den Neunzehnjährigen. »Auf keinen Fall.«

Die Hartz-IV-Industrie

Am Stadtrand von Hagen liegt eine der größten Industriebrachen der Region. Mehrere tausend Menschen haben hier früher für Krupp und Hösch gearbeitet, heute schafft Hartz IV Arbeit. Wir treffen die nächsten der Hagener Ein-Euro-Jobber, diesmal achthundert auf einmal. In einer überdimensionalen Halle recyceln sie, diesmal in blauen statt in grünen Arbeitsanzügen, Elektroschrott. Wir stehen mit dem Chef Hans Kamenz oben auf einer Brüstung. Von hier aus kann man die ganze Halle überblicken. Die Ein-Euro-Jobber zertrümmern Fernseher, Spülmaschinen, trennen Plastik von Metall. Die, die hier arbeiten, werden vom Staat bezahlt. Angestellt sind sie beim *Werkhof*, einer Beschäftigungsgesellschaft, die zur Hälfte der Stadt gehört. Das System funktioniert, weil Hans Kamenz' *Werkhof* als gemeinnütziger Betrieb anerkannt ist. Und wer gemeinnützig ist, darf laut Hartz-IV-Gesetz Ein-Euro-Jobber einstellen. Hans Kamenz kontrolliert, ob alles läuft.

Wie jeden Tag macht er seinen Rundgang durch die Halle. In einer Ecke hat Peter Müller gerade einen roten Fernseher aus einem Schrottberg gegriffen. Als der Chef vorbeikommt, unterbricht er seine Arbeit. Er zieht seine Arbeitshandschuhe aus und erzählt erst mal. »Ich mache das auch als Ein-Euro-Job, und mir gefällt es. Das ist besser, als wenn einem zu Hause die Decke auf den Kopf fällt. Sagen wir mal so.« »Aber nach sechs Monaten ist hier Schluss?«, fragen wir. »Ja, ich habe gehört, man kann dann Verlängerung kriegen, und ich werde dafür sorgen und irgendwie dazu beitragen, dass ich die Verlängerung vielleicht kriege.« »Und wenn die Verlängerung um ist?«, fragen wir nach. Hans Kamenz, dem Chef, wird dieses Gespräch langsam unangenehm, er dreht sich um. »Ich werde nachfragen, ob ich hier nicht vielleicht übernommen werden kann, würde mir Spaß machen, da bin ich ganz ehrlich, das würde mir Spaß machen.« »Wie groß ist da Ihre Hoffnung?« »Ja, das ist so eine Sache.« Peter Müller schaut auf seine Arbeitshandschuhe, legt sie ordentlich aufeinander und dreht sich zu Hans Kamenz um. »Das liegt sehr wahrscheinlich an meinem Chef hier. Wenn man mit ihm spricht, vielleicht weiß er einen besseren Weg, wo man dann weitergehen kann irgendwie.« Beinahe verliert Peter Müller den Faden. »Ich weiß eben nicht, ob die Möglichkeit gegeben ist. Ich habe ja nur noch neun Jahre.«

Der Ein-Euro-Job soll an Arbeit gewöhnen. Peter Müller kann und will arbeiten. Für ihn muss es doch eine Möglichkeit geben. »Hat Peter Müller eine Chance, tatsächlich fest übernommen zu werden?«, fragen wir den Chef. Ein paar Sekunden lässt sich Hans Kamenz Zeit zum Nachdenken. »Also, da muss man ganz ehrlich sein. Große Hoffnung kann man bei der Anzahl von Ein-Euro-Jobbern, die wir hier haben, nicht machen.« »Aber ich gebe die Hoffnung nicht auf.« Peter Müller hat genau mitgehört. »Sagen wir mal so: Eine kleine Chance, wenn man einen kleinen Strohhalm hat, da sollte man sich dran klammern, und vielleicht gibt es ja wirklich noch eine kleine Chance!« Später werden wir noch einmal nachfragen, wie es mit Peter Müller weitergegangen ist. Er hat bislang keine Festanstellung bekommen, und der *Werkhof* ist wegen seiner vielen Ein-Euro-Jobber inzwischen auch in Hagen in die Kritik geraten. In diesem Jahr hat das Arbeitsamt Hans Kamenz nur noch 270 Arbeitskräfte geschickt.

Im Arbeitsamt Hagen weiß Betreuer Michael Dellbrück, dass die Ein-Euro-Jobs keine dauerhafte Lösung sind, aber was soll er machen? Oder besser: Was wäre die Alternative? Michael Dellbrück ist Anfang zwanzig, sportlich und noch nicht allzu lange beim Amt. Er fällt auf unter den sonst eher älteren Mitarbeitern. »Das sind Ein-Euro-Jobs, das ist nichts Dolles, das ist klar«, sagt er, greift nach der braunen Akte auf seinem Schreibtisch und hängt den Fall ins Regal. »Aber irgendwo sehe ich es auch nicht ein, dass Leute, die nichts machen, Anspruch auf diese volle Förderung, also das volle Geld haben. Die kriegen Arbeitslosengeld, die kriegen ihre Miete sichergestellt, auf der anderen Seite denken sie: Ich brauche mich um nichts anderes mehr zu kümmern.« Das sage er auch all seinen Kunden.

Auf dem Flur des Hagener Arbeitsamtes stellt sich nach einer kleinen Umfrage heraus, dass der Ein-Euro-Job den schlechtesten Ruf unter den staatlichen Maßnahmen genießt. Die meisten von Dellbrücks Kunden glauben nicht, dass er sie tatsächlich irgendwann in Arbeit bringt, sondern fürchten, dass der Ein-Euro-Job nicht mehr als Kosmetik ist. Und so ist diese Maßnahme für viele eher Strafe statt Hilfe.

> **Die Anzahl der Ein-Euro-Jobber, die von ihrem Betrieb übernommen werden, ist statistisch kaum messbar.**
>
> **Die Wahrscheinlichkeit, den Hartz-IV-Bezug zu beenden, ist sogar geringer als bei Arbeitslosen ohne Ein-Euro-Job.**
>
> *Quelle: Institut für Arbeitsmarkt- und Berufsforschung der Bundesagentur für Arbeit (2008)*

Fünfzig Kilometer entfernt in Wattenscheid verlassen Jessica, René und Janina Weber wieder einmal das große weiße Gebäude, das Arbeitsamt. Heute lief es gar nicht gut. Der Sachbearbeiter hat René mit einem Ein-Euro-Job gedroht. »Sie wollen mich nach Bochum schicken«, sagt er. »Da fahre ich nicht hin für einen Euro.« Vor dem Amt treffen sie andere Arbeitslose. Man regt sich erst mal gemeinsam auf. Erst über die Sachbearbeiter, dann über die ganze Politik. »Die sind doch alle gleich bescheuert da«, schimpft René. »Die ganze Regierung, die kann ich ja wirklich schon über einen Kamm scheren. Da passiert bei jedem, egal wer Kanzler oder Kanzlerin ist, da passiert doch immer wieder das Gleiche.« Es gibt wohl wenige Themen, bei denen er sich mit seiner Frau so einig ist. Jessica nickt eifrig. »Der vorige, wie hat der geheißen, der Schröder da, der hat ja auch nichts auf die Reihe gebracht. Es wird versprochen, versprochen, versprochen, und es passiert gar nichts, es ist überhaupt nichts. Und wenn man wirklich mal Hilfe braucht, ist niemand da«, regt sie sich auf, und René geht noch eine Schritt weiter. »Wenn ich die NPD wählen würde zum Beispiel, die würden vielleicht ein bisschen was anders machen, als es jetzt ist. Auf jeden Fall würden die ein bisschen was anders machen.« »Und was würden die anders machen?« »Weiß ich nicht. Vielleicht würden sie was anders machen. Weil, war ja noch nie an der Regierung, so was. So denke ich mir das.« Und seine Frau: »Ich war noch nie wählen. Ich weiß gar nicht, wen ich wählen soll. Ne, ich war noch nie wählen.«

Die Wahlbeteiligung in Wattenscheid liegt im Durchschnitt bei 59,5 Prozent. Der bundesdeutsche Durchschnitt liegt bei 77,7 Prozent.

Arme Menschen sind nur halb so oft Mitglieder in einer politischen Partei wie Menschen, deren Einkommen über der Armutsgrenze liegt. Ihr Vertrauen in die Demokratie ist gering. Über 50 Prozent gaben an, dass die Probleme im Land eher durch eine »starke politische Führung« als durch die Beteiligung der Bürger zu lösen seien. Im Schnitt fordern knapp 30 Prozent der Bundesbürger solche autoritären Politik-modelle.

Quellen: Statistisches Bundesamt (2006), Friedrich-Ebert-Stiftung (2007), Sozialbericht der Stadt Bochum (2008)

Seit acht Jahren zahlt der Staat René Webers Einkommen. Der Staat zahlt pünktlich, jeden Monat. Viel zu wenig, meint René Weber, aber das Geld kommt. Trotzdem hält er nicht viel vom Staat. Aus seiner Sicht droht er nur. Mit Ein-Euro-Jobs, mit einer Kürzung des Hartz-Geldes, mit Knast, wenn es richtig schlimm kommt. Was ist so gründlich schiefgelaufen zwischen dem Staat und René Weber? Welche Rolle spielt er in seinem Leben – die des Gegners, die des Unterstützers oder immer abwechselnd, so wie es gerade passt?

Familienhilfe

Einmal in der Woche bekommt Helmut Weber Besuch. Jeden Mittwoch, pünktlich um vier, betritt Jutta Sommer sein Wohnzimmer, setzt sich mit auf das Familiensofa und fragt, wie es bei Webers gerade so läuft. Jutta Sommer ist Familienhelferin der evangelischen Kirche in Bochum und wurde vom Jugendamt zu Helmut Weber beordert. Sie soll ihm praktische Tipps für die Kindererziehung und seinen Haushalt geben, gucken, dass er mit dem wenigen Geld auch ordentlich wirtschaftet. Am Anfang haben sie einen Hilfeplan aufgestellt. »So heißt das«, erklärt Helmut Weber, streicht die Überdecke auf seinem Sofa glatt und schaut zu Jutta Sommer hinüber. »Da musste ich dann sagen, was meine Probleme sind und was wir gerne ändern wollen. Dass Pascal und ich uns nicht so oft streiten, zum Beispiel.« Im Fachdeutsch ist Familie Weber eine Familie, in der eine »Multiproblematik« vorliegt. Das heißt, es gibt bei ihnen »emotionale, soziale und ökonomische« Probleme. Eigentlich sollte auch Pascal da sein. Aber der ist noch nicht aus der Schule nach Hause gekommen, obwohl der Unterricht schon seit über einer Stunde vorbei ist. Große Sorgen macht sich Helmut Weber aber noch nicht. »Wahrscheinlich ist er mit einem Freund unterwegs«, meint er.

Jutta Sommer überbrückt die Wartezeit. »Was haben Sie denn in dieser Woche in Ihrer Freizeit gemeinsam gemacht?«, fragt sie Helmut Weber. Er sagt, dass sie gemeinsam fernsehen und dass sie für Freizeitaktivitäten zu wenig Geld haben. Jutta Sommer überlegt, dann macht sie einen Vorschlag: Sie will ihm dabei helfen, einen Ausweis für die Stadtbibliothek zu bekommen. »Da könnten Sie dann auch mal Spiele ausleihen, die Sie dann zu zweit spielen könnten«, sagt sie.

Eine Stunde ist schnell vorbei. Von Pascal keine Spur. Langsam wird Helmut Weber die Sache peinlich. »Und Sie wissen wirklich nicht, wo Ihr Sohn stecken könnte?«, fragt Jutta Sommer, inzwischen sichtlich angespannt. Draußen wird es schon langsam dunkel, als die beiden ihre Jacken von der Garderobe nehmen. Sie suchen hinter dem Haus, auf der Straße, auf dem Sportplatz, an der Schule, als Helmut Webers Handy klingelt. Es ist René. »Der Pascal ist bei uns, wenn du den suchst.« »Der soll zu mir kommen«, sagt Helmut Weber barsch und legt auf. Im Hausflur kommt Pascal ihnen schon entgegen. Er hält Janina auf dem Arm. Helmut Weber nimmt sie ihm ab und ist sofort abgelenkt. »Wir haben uns Sorgen gemacht. So was geht einfach nicht«, versucht es Jutta Sommer noch bei Pascal, als sein Vater sie unterbricht. »Der weiß ja jetzt Bescheid«, sagt er noch, bevor Pascal in seinem Zimmer verschwindet. Zwei Stunden sind seit Jutta Sommers Ankunft vergangen, sie kann nicht länger bleiben, die nächste Familie wartet schon auf sie.

> Die Sozialpädagogische Familienhilfe ist mit einer jährlichen Zuwachsrate von etwa zehn Prozent seit Anfang der neunziger Jahre einer der am schnellsten wachsenden Bereiche der deutschen Erziehungshilfe. In Deutschland wurden im Jahr 2006 gut 33 000 Familien regelmäßig von Familienhelfer(inne)n zu Hause besucht.
>
> *Quelle: Statistisches Bundesamt (2008)*

Zwei Stockwerke höher hat die zweite Generation Weber ganz andere Sorgen: René Weber hat heute Post vom Gericht bekommen. Er muss jetzt seine Strafe antreten. René ist wegen einer Schlägerei in der Disko zu 372 Sozialstunden verurteilt worden. Das heißt für ihn erst mal 372 Stunden Arbeit – ungewohnt. Zwei Wochen später hat sich René Weber extra ein Fahrrad geliehen, trotzdem ist er spät dran. Schnell stolpert er aus dem Hausflur, strampelt los, sein Ziel: der Wattenscheider Friedhof. Gleich fängt die erste seiner Sozialstunden an. Statt wieder nur im Knast zu sitzen, soll er sich an Arbeit gewöhnen. Er sei ja erst sechsundzwanzig, hat der Richter gesagt. Drei Monate lang muss er nun jeden Tag ran. »Scheiße ist das.« René schimpft ohne Unterlass, während er versucht, das Schloss seines geliehenen Rades zu schließen. Als es nicht auf Anhieb klappt, bekommt das Fahrrad einen heftigen Tritt und wird unabgeschlossen am Friedhofszaun zurückgelassen. »Ich erwarte mir von der ganzen Sache hier nicht mehr, als dass ich die Stunden abarbeiten will, und das war's dann. Mehr erhoffe ich mir da gar nicht von.« »Und vielleicht wieder ein bisschen reinkommen in die Arbeit?« »Das ist ja kein Job hier, das ist ja lächerlich.« Widerwillig nimmt René sein Werkzeug entgegen: eine große Harke, eine Schubkarre, ein paar Müllsäcke. Ein Ein-Euro-Jobber weist ihn ein. Die ganze Fläche soll er per Hand rechen, obwohl es ein Laubgebläse gibt – aber nicht für ihn, schweres Gerät dürfen hier nur die Festangestellten bedienen.

»Ich mag das nicht, zwischen den Gräbern rumzuhantieren, das Laub da rauszuholen oder was aus den Büschen oder so«, sagt René. »Das mag ich absolut nicht, weil ich da auf fremdem Eigentum im Prinzip bin. Ich denke da immer, ich stehe auf einem drauf.« Auch wenn es eine Strafe ist. René arbeitet wieder – zum ersten Mal seit Jahren. René hat sich daran gewöhnt, dass sein Lebensunterhalt vom Staat kommt. Wer oder was genau »der Staat« ist, der ihm sein Geld zahlt, das kann er nicht sagen. »Die Regierung halt.« Und dass er sein Geld nicht selbst verdiene, er keine Arbeit habe, das sei schließlich nicht seine eigene Schuld. »Was ist denn hier noch groß an Firmen? Welche Firmen existieren denn noch, wo man auch drankommt an den Job, ohne irgendwie großartig über Beziehungen oder sonst was zu gehen? Es gibt doch keine Firma, wo ich jetzt hingehen kann, mich vorstelle, und der Chef sagt: Probieren wir das einfach, oder so. Ich glaube nicht, dass das vorkommt, dass das mal einer sagt. Also, ich glaube an viele gute Sachen so, aber an die Sache glaube ich eher weniger.« Am nächsten Morgen fährt René nicht wieder zum Friedhof. Sein erster Tag wird auch sein letzter gewesen sein. Nachdem er über Wochen unentschuldigt fehlt, muss er schließlich wieder für zwei Monate ins Gefängnis.

Nur fünfzig Kilometer weiter verbringt Sara von der Fröbel-schule an einem sonnigen Julimorgen ihre letzten Minuten in Freiheit. Um Punkt zehn Uhr soll sie in die Jugendarrestanstalt Wetter bei Hagen eingewiesen werden. Jeden Montag ist dort Zugangstag. Es ist einfach zu viel zusammengekommen. Sie war immer seltener in der Schule, ist stattdessen mit den anderen durch den Ort gezogen. Dann hat sie sich mit einer Mitschülerin auf dem Schulhof gekloppt, im Unterricht ihre Lehrerin beleidigt und wurde angezeigt. Ihre Sozialstunden hat sie nicht abgearbeitet, ihre Mutter hat nicht nachgefragt. Jetzt ist sie hier und muss zwei Wochen bleiben. Der Jugendarrest ist eine Art Warnschuss, noch vor der Jugendhaft. Früh wegsperren und auf den Schockeffekt setzen, das ist die Idee dahinter.

Saras Mutter hat sie gebracht. Eigentlich wollte das ihre Schwester übernehmen, aber weil die nicht kam, haben sie ein Taxi genommen. Sie hoffen, dass das Amt ihnen den Betrag erstattet. Mit großer Anstrengung ziehen sie Saras schwarze Tasche aus dem Auto. Sara raucht schnell noch eine letzte Zigarette, Lust zu reden hat sie heute nicht. Das große Tor macht ihr Angst. »Können Sie sich erklären, wie es so weit kommen konnte?«, fragen wir ihre Mutter. »Sie hat ja nur Mist gemacht. Sie hat ja bisher immer nur Mist gemacht. Komm!« Dann verschwindet Sara wortlos hinter der Tür.

Immer montags um zehn kommen die neuen Mädchen an und begegnen denen, die ihre Strafe schon hinter sich haben. Gerade als Sara durch die Schleuse verschwunden ist, wird wieder ein Schwung Mädchen entlassen. »Wow!«, schreit eine von ihnen und stürmt die Treppe hinunter. »Ich bin frei!« Sie stellt ihren Koffer ab und dreht sich zu Bianca, die ihre Strafe noch vor sich hat. »Ich würd' sagen, einfach durchziehen«, rät sie ihr. »Solange du dich an die Regeln hältst, hast du auch kein Problem.« »Weshalb musst du rein?«, fragen wir Bianca. »Schwere Körperverletzung«, antwortet sie schnell, aber bestimmt. Bianca ist fünfzehn. Einen Monat lang wird sie wie Sara in einer Acht-Quadratmeter-Zelle verbringen müssen.

> In den letzten fünfzehn Jahren ist die Zahl der registrierten Gewalttaten von Mädchen um 150 Prozent gestiegen. Allein in den letzten zwei Jahren sind die Verurteilungen zu Jugendarrest bei Gewaltdelikten um 90 Prozent gestiegen.
>
> *Quelle: Statistisches Bundesamt (2008)*

Wie kann es sein, dass Sara mit vierzehn hier landet? Wie hätte das verhindert werden können? Wieso haben sich die Einlieferungszahlen hier, im einzigen Mädchenarrest in Nordrhein-Westfalen, in den letzten zehn Jahren verdoppelt? Wieso kommen immer mehr Mädchen aus armen Familien hierher? Eine Woche später sind wir wieder da. Sara ist noch stiller als bei ihrer Einlieferung. Sie ist auf dem Weg in den Keller, um Besen und Kehrblech zu holen, eine Justizvollzugsbeamtin begleitet sie. Dreimal in der Woche machen die Mädchen ihre Zellen sauber. »Hier: Besen, Schrubber.« Sara nimmt ihr Werkzeug entgegen und verschwindet hinter ihrer zehn Zentimeter dicken Zellentür.

Es sieht in Wetter nicht anders aus als in einem normalen Gefängnis. Lange Flure, dicke gelbe Türen mit großen Schlössern, darin ein kleines Guckfenster, zehn mal zehn Zentimeter. Als wir mit Sara die Gänge entlanggehen, stehen die Mädchen hinter den Türen und gucken uns durch die kleinen Scheiben hinterher. Sara fängt an, den Spiegel zu putzen. In ihrer Zelle gibt es ein Waschbecken, einen Schrank, ein Etagenbett mit dünnen Matratzen, die Toilette ist mit im Raum. Das sei für sie besonders unangenehm, sagt Sara leise. Noch ein Milchglasfenster mit Gitterstäben davor, das war's. Alles ist sehr beengt, zu zweit können sich die Mädchen kaum um sich selbst drehen. Es gibt keine Stifte, kein Papier. Vieles ist hier verboten, zur Sicherheit. Der Schmuck wird ihnen abgenommen, das Handy. Wenn sie Spiele oder Bücher haben wollen, können sie sie ausleihen.

Saras Zellengenossin spricht kein Deutsch, deswegen hat sich das mit dem Spielen erledigt. »Und sonst?«, fragen wir. »Nicht so gut«, sagt Sara und muss sich anstrengen, nicht zu weinen. »Dreimal am Tag können wir zum Essen raus, mittags gibt es eine Stunde Hofgang.« Sie putzt weiter. Die meiste Zeit verbringen die Mädchen in den Zellen. Das schmale Metallbett ist voll mit Strichen und Zahlen aus trockener Zahnpasta. Von den Vorgängerinnen. Stifte gibt es ja nicht. Sie zählen so die Tage, bis sie wieder hier rauskommen. »Da hab ich meine Striche gezogen.« Sara deutet auf dünne Linien in der Ecke auf der weißen Wand.

Sie hat sie mit einer Spielfigur eingeritzt. »Neun Tage bin ich jetzt hier.« Neun Tage und immer noch keine Nachricht, keine Nachfrage von zu Hause. Selbst telefonieren dürfen die Mädchen nicht, aber die Eltern könnten im Büro der Sozialarbeiterin anrufen und nachfragen, tun das jedoch meistens nicht. »Das Mädchen, das hier vorher auf der Zelle war, die schreibt mir heute, dann krieg ich Post. Ich hab meiner Mutter auch schon einen Brief geschrieben«, erzählt Sara. »Und sie dir auch?« »Nein.« Sara schluckt. »Und was hast du ihr geschrieben?«, fragen wir sie. »Dass ich sie vermisse und so.« »Hättest du das vorher gedacht?« »Nein.« Sie dreht sich weg.

Eine Zelle weiter sitzen Kathy und Yvonne. Yvonne ist sechzehn Jahre alt und wegen Diebstahls hier. Vom Gericht wurde auch sie zu gemeinnütziger Arbeit verurteilt, die auch sie nicht gemacht hat. Sechs Wochen Jugendarrest sollen sie jetzt zur Einsicht bringen. Ihre Tochter darf sie in dieser Zeit nicht sehen, acht Wochen ist sie alt. Yvonne ist schon zum zweiten Mal hier. Beim ersten Termin, den sie vom Gericht bekommen hatte, war sie schon im sechsten Monat schwanger. Ein Verwaltungsfehler. Nach der einundzwanzigsten Woche darf die Strafe nicht mehr vollstreckt werden. Da hat man sie erst mal wieder nach Hause geschickt. Gestern, genau acht Wochen nach der Geburt, musste Yvonne wieder rein – ohne ihr Kind. So sieht es das Gesetz vor. Yvonne ist im Arrest nicht die einzige junge Mutter. Viele Mädchen hier haben früh selbst Kinder bekommen, »endlich etwas Eigenes«, wie sie oft sagen.

> Die Zahl junger Mütter hat sich in der Jugendarrestanstalt Wetter in den letzten fünf Jahren verdoppelt.
>
> *Quelle: Jugendarrestanstalt Wetter (2008)*

»Ich schlaf oben«, sagt Kathy. Sie hat einen knallroten Hello-Kitty-Kapuzenpulli an und ihre braunen Haare zu einem Zopf gebunden. Groß ist sie und sportlich. Sie trägt selten T-Shirts, damit man ihre Arme nicht sieht. »Früher habe ich mich öfter geritzt«, sagt sie und guckt sich in ihrer Zelle um. »Ich hab die ersten Tage hier drin nur geweint, abends alleine im Bett und so. Man wird abgehärtet hier drin, würde ich mal sagen, vor anderen auf Toilette gehen und so. Aber man kann schon froh sein, dass man zu zweit auf Zelle ist, alleine wäre es, glaube ich, noch schlimmer, wenn die Tür hinter einem zugeht.«

Kathy hatte im Supermarkt Batterien geklaut. Vor ihrer Gerichtsverhandlung hatte sich noch nie jemand dafür interessiert, dass bei ihr und ihren Eltern einiges nicht in Ordnung ist. Erst wollte der Staat ihr helfen, statt Strafe schickte sie der Richter zu einem sozialen Training. Weil sie da nicht hingegangen ist, wurde sie schließlich doch bestraft und sitzt jetzt hier. »Ich bin mit zwölf zum ersten Mal von zu Hause abgehauen«, sagt Kathy. »Ich hab mal hier, mal da gewohnt, weil meine Mutter ein Alkoholproblem hatte, das ging einfach nicht. Die hat sich nicht um mich gekümmert, die ganze Zeit nicht. Da hatte ich keine Lust drauf. Ich hab mich immer um mich selber gekümmert, da habe ich mir gedacht, kannst du auch woanders wohnen, es bringt nichts, wenn du bei deiner Mutter wohnst.« Danach sei sie für kurze Zeit im Heim gewesen, wo es ihr aber auch nicht gefallen habe. »Und mit fünfzehn hat dann mein leiblicher Vater gesagt, dass ich zu ihm ziehen kann, aber mit siebzehn hat er mich schon wieder rausgeschmissen. Ihm war egal, was aus mir wird, und jetzt braucht er sich auch keine Sorgen mehr zu machen, denk ich mir. Keine Ahnung.«

Dann geht die Tür auf: Mittagspause im Gemeinschaftsraum. Nicole Niermann holt die Mädchen ab. Vierzehn neue Mädchen sind es in dieser Woche, 1500 im Jahr. Bald soll in Wetter angebaut werden. Nicole Niermann arbeitet hier als Justizvollzugsbeamtin, als »Schließerin«, wie die Mädchen sagen. Bei den meisten Arrestantinnen gibt es zu Hause Probleme. Gespräche wären wichtig. Doch Nicole Niermann und die Kollegen haben Mühe, bei dem Ansturm überhaupt den Tag zu organisieren. »Ich muss jetzt erst mal sehen, dass ich die Situation hier händle. Da kann man sich nicht auch noch über Angehörige und Sonstige viel Gedanken machen«, ruft sie uns zu und schickt die Mädchen durch das mit Maschendraht eingezäunte Treppenhaus in den Keller zum Essen.

Im Jahr 2007 sind 117 000 Jugendliche in Deutschland zu Arrest und Auflagen verurteilt worden. Allein in der Jugendarrestanstalt Wetter haben sich die Zugangszahlen in den letzten zehn Jahren verdoppelt.

Quellen: Statistisches Bundesamt (2008), Jugendarrestanstalt Wetter (2008)

Wir denken an unser Gespräch mit Florian, Dennis und den Jungs von der Kölner Hauptschule. Frust, Enttäuschung, aufgestauter Ärger hatten sie als Gründe genannt, als wir sie fragten, warum sie ausrasten. Dieselben Antworten hören wir auch in Wetter. Dass auch Mädchen sich irgendwann wehren, selber schlagen und auch extrem gewalttätig werden, ist neu. Bianca und Bianca kommen beide aus Düsseldorf, sind beide fünfzehn Jahre alt und beide wegen derselben Straftat hier. In einer Freistunde erzählen sie uns, was am Abend ihrer Tat genau passiert ist. »Wir haben uns mit einem Mädchen gestritten und die auf Toilette gez… Also, die ist freiwillig auf Toilette mitgekommen, weil die ja auf Toilette musste«, erzählt die eine Bianca. »Dann haben wir das Mädchen fertiggemacht, geschlagen, weil die zu viel gelabert hat. Sie hat zu viel erzählt so.« »Wir hatten eigent-lich unseren Spaß dabei«, sagt die andere Bianca. »Die war im Krankenhaus, der Schädel brauchte ein halbes Jahr, bis er geheilt ist.« »Die hatte 'nen Schädelbasisbruch an der Schläfe, genau.« »Hast du in dem Moment nicht gemerkt, dass sie sich richtig wehgetan hat?«, fragen wir nach. »Also, die hat schon geweint«, sagt Bianca mit den blonden Haaren langsam. Und dann: »Aber, ich konnte nicht anders irgendwie … Das war einfach nur Hass.«

Lara hat bis jetzt nur zugehört. Sie sitzt auf dem Bett mit in der Zelle, ist schon drei Jahre älter, achtzehn. Sie ist blond und zierlich. Mit ihren Zöpfen und dem hellblauen T-Shirt sieht sie nicht aus, als könnte sie jemals zuschlagen. Diesmal ist sie nur wegen Schwarzfahrens hier, aber was die beiden anderen erzäh-len, ist für sie nicht neu. »Ich hab ein Mädchen schon fast er-tränkt«, sagt sie. »Da war ich elf oder zwölf. Jedes Mal, wenn die nach oben kam, hab ich die mit dem Kopf wieder in den Rhein getaucht, sodass die keine Luft mehr gekriegt hat und alles. Die Nase hab ich ihr blutig gehauen auf jeden Fall. Aber die war rich-tig dünn gewesen, noch ein bisschen dünner wie ich, und da hat die keine Kraft gehabt. Das tat mir auch hinterher schon biss-chen so leid, das hab ich der ja auch so …« Sie bricht ab und spricht dann weiter: »Aber in dem Moment denkt man nicht da dran. Man haut einfach drauf, und das interessiert mich in dem Moment dann nicht.«

Es klingelt, die Freistunde ist um. Wieso sind die Mädchen so schnell reizbar? Auch hier dieselben Antworten wie an der Hauptschule in Köln. Dort hieß es »Respekt«. Hier nennen es die Mädchen »Ehre«, »Ansehen«, »Anerkennung«.

Die einzige Sozialarbeiterin in Wetter ist Elisabeth Coerdt. Eine Frau, zuständig für 1500 Mädchen im Jahr. Bisher haben alle eher auf die Jungs geschaut. Seit kurzem hat sie im Arrest mit kleinen Übungen speziell für die Mädchen angefangen. Wie jeden Dienstag holt sie die Mädchen aus den Zellen, im dritten Stock gibt es einen kleinen Übungsraum. Thema heute: Gewalt. »Gut, ihr habt alle schon mal mit Gewalt zu tun gehabt, denke ich mir.« Elisabeth Coerdt hat sich hingesetzt, zehn Mädchen im Stuhlkreis starren sie an. Sofort wird es unruhig. Alle reden durcheinander. Dann beginnt ein Mädchen: »Ja, wenn jemand auf mich zukommt und mir einen gibt, dann ist es ja normal, dass ich den zurückhaue.« Und ihre Nachbarin ergänzt: »Also, wenn ich geschlagen wurde damals, ich hab kein' Schmerz gespürt. Wut ja, Wut ja, eine Menge Wut, aber es tat nicht weh.«

Elisabeth Coerdt hat eine Theorie. Ob sie damit richtigliegt, will sie in der nächsten Stunde herausfinden. Sie glaubt, dass viele Mädchen gar nicht mehr unterscheiden können, was Gewalt ist und was nicht. Sie seien abgestumpft, erzählt sie uns später, empfänden selbst wenig Schmerz und könnten sich oft auch nicht vorstellen, dass sie anderen mit ihren Aktionen ernsthaften Schaden zufügen könnten. Die Übung beginnt: »So, jetzt lege ich mal auf diese Seite hier einen roten Zettel, da steht ›Gewalt‹ drauf. Und an die andere Seite lege ich einen Zettel, da steht ›keine Gewalt‹ drauf.« Dann verteilt sie weiße Zettel, auf denen einzelne Beispiele, verschiedene Situationen, stehen. Die Mädchen sollen sich nun jeweils entscheiden: Ist das, was auf dem Zettel steht, Gewalt oder keine Gewalt für sie? Darf ein Vater zum Beispiel seine Tochter schlagen, weil sie Drogen genommen hat? »Darf er sie einfach schlagen?«, fragt Frau Coerdt in die Runde. »Das kommt drauf an, was das für ein Schlagen ist«, antwortet ein Mädchen zögerlich. »Also, ich meine, Kinder brauchen ja Erziehung.« Ihre Nachbarin ist anderer Meinung. »Glaubst du, wenn der dir ein paar auf die Schnauze haut, dann hörst du damit auf, Mist zu machen, nur weil du ein paar auf die Fresse gekriegt hast?« »Ja, dann hast du aber das nächste Mal mehr Angst.« Die Mädchen diskutieren, regen sich auf, berichten von ihren Erfahrungen zu Hause. Am Ende der Stunde haben sie alle Beispielzettel auf zwei Stapel verteilt: ein Stapel »Gewalt«, ein Stapel »keine Gewalt«. Der Vater, der seine Tochter schlägt, weil sie Drogen genommen hat: keine Gewalt. Ein Jugendlicher, der sich wehrt, weil er von der Polizei verhaftet wird: keine Gewalt. Ein Mann, der versucht, seine Frau zu überreden, mit ihm zu schlafen: Gewalt, weil es meist nicht beim Reden bleibe – »Der redet erst, und dann packt er zu«, sagt eins der Mädchen, und die anderen nicken.

Nach der Stunde besuchen wir Elisabeth Coerdt in ihrem Büro, einem kleinen Raum mit viel Papier. Elisabeth Coerdt ist Anfang fünfzig und hat vor ihrer Zeit hier lange in einem Justizvollzugskrankenhaus gearbeitet. Sie hat eine ungewöhnlich tiefe Stimme und kurze, dunkelrot gefärbte Haare. Seit sechs Jahren ist sie nun hier. Arrestantinnen 2006, 2007, 2008: Tausende von Fällen sind bei ihr aktenkundig. Erst nachdem die Mädchen Straftaten begangen haben, hat man sich für sie interessiert. »Für mich gibt es einen ganz entscheidenden Fehler im System«, sagt Elisabeth Coerdt und klappt eine Akte zu. »In den allermeisten Fällen wird das Jugendamt nur aktiv, wenn die Eltern von sich aus sagen, dass sie Hilfe benötigen. Wer macht das schon? Und die Mädchen, die schwärzen ihre Eltern nicht an.« Bei den meisten hier hat es diesen Hilferuf der Eltern nicht gegeben. »Die sind teilweise massiv verprügelt worden und nehmen trotzdem die Eltern oder die Familie in Schutz. Die Mädchen haben ein äußerst ambivalentes Verhältnis dazu und sind nicht in der Lage, das ein

Stück weit anders zu reflektieren. Auf der anderen Seite geben sie es weiter. Die sind erst Opfer und werden dann selber gewalttätig.« »Warum, wenn man das selbst erfahren hat?«, fragen wir sie. »Rache?«, mutmaßt Elisabeth Coerdt. Nur eine Theorie. Das Thema ist in diesem Ausmaß neu. Die entscheidende Frage dahinter ist: Was soll mit Jugendlichen passieren, wenn ihre Eltern sie nicht erziehen, weil sie ganz andere Sorgen haben oder mehr mit sich selbst beschäftigt sind? Was ist die Alternative, wenn Eltern nicht mit ihren Kindern klarkommen, wenn die Aufmerksamkeit für sie fehlt, wenn sie sie vielleicht nicht erziehen können? Wird die Schocktherapie im Arrest das richten?

Selbst während der Zeit hier hören Streit, Ärger und Gewalt unter den Mädchen nicht auf. Nicole Niermann zeigt uns die Extrazelle, in die die Mädchen kommen, wenn sie völlig ausflippen, den sogenannten Bunker. Der Bunker ist eine an Wänden, Boden und Decke weiß gekachelte Sonderzelle. Die Toilette besteht aus Stahl – einen Klodeckel, ein Waschbecken, einen Spiegel gibt es nicht. Die Heizung ist hinter einer Verkleidung in der Wand versteckt, auf einem gefliesten, bettähnlichen Betonblock liegt eine unbezogene Schaumstoffmatratze. »Hier gibt's nichts mehr, also hier hat man keine Ablenkung mehr, hier ist man wirklich dann nur für sich«, sagt Nicole Niermann. »Dann geht es wirklich nur noch darum, dass wir die Gesellschaft im Moment vor ihnen schützen. Und das machen wir dann auch.«

Die Gesellschaft vor ihnen zu schützen ist eine Sache, aber wie bekommt man die Mädchen wieder in die Gesellschaft zurück?, fragen wir uns. Die, die hier sind, haben zu Hause so viele Probleme, dass sie nicht so einfach wieder zurück in die Bahn geschubst werden können. Was bringt bei den Problemen die Isolation, die Selbstbesinnung auf der Zelle? Zuerst sind die Mädchen geschockt, wenn sie hier sind. Ein dauerhafter Effekt ist nicht belegt.

Kathy ist inzwischen fast zwei Wochen in Wetter. Sie ist an diesem Morgen nicht gut drauf, hat kaum gegessen, beim Frühstück war sie ganz abwesend. Ab und zu kommt der Diakon der benachbarten Kirche im Arrest vorbei, und wer will, kann eine halbe Stunde mit ihm sprechen. »Ich glaub, ich bin hier im Moment der größte Problemfall, ich weiß nicht.« Kathy hat wieder den roten Pulli an. Sie sitzt im Schneidersitz oben auf dem Etagenbett in ihrer Zelle. »Ich hab hier gestern Abend so ein Gespräch gehabt mit so einer Art Psychologen wegen meiner Vergangenheit und jetzigen Situation mit meinem Freund, und der hat mir so ein bisschen in meinen Gefühlen rumgestochert, deshalb kommen mir manchmal die Tränen, weil ich heute nachdenklich bin. Der hat mir das Gefühl gegeben, dass er mich versteht, und das hat mir ganz gutgetan«, sagt sie. »Redest du sonst oft mit Erwachsenen?«, fragen wir nach. »Ne, gar nicht. Überhaupt, über meine Probleme rede ich sonst nicht. Das ist sowieso eines meiner größten Probleme. Ist mir gestern noch mal so klar geworden nach dem Gespräch. Ich weiß nicht, wie ich fühlen soll im Moment. Ich weiß nicht, was auf mich zukommt. Das verwirrt mich. Ich hab keine Ahnung.« »Hast du Angst davor?« »Ja, jetzt schon. Gestern noch nicht, aber jetzt nach dem Gespräch hab ich auf einmal Angst davor, wenn ich rauskomme.«

Die Idee des Arrests stammt aus der Nazizeit. Gute deutsche Mädchen und Jungen, die in der Pubertät aus der Spur geraten waren, sollten einen »Schuss vor den Bug« erhalten. Doch die Mädchen, die heute hier sind, kommen nicht so leicht wieder in die Bahn. Auch wenn im Arrest etwas angestoßen wird – hilft das tatsächlich, wenn es draußen nicht weitergeht? Wenn es keine Betreuung und keine Perspektive gibt? Kathy lebt im Moment von Arbeitslosengeld. Mit einem Ausbildungsplatz sieht es erst einmal schlecht aus. Weil die Mädchen im Arrest noch so jung sind, sieht das Gesetz vor, dass hier nicht nur bestraft, sondern vor allem erzogen werden soll. Doch es ist genau wie an der Wattenscheider Förderschule: Viel Geld und vor allem Personal ist dafür nicht vorgesehen. Psychologen, Werkstätten wie im Strafvollzug gibt es im Arrest nicht. In Wetter können Sara, Bianca und die anderen alle zwei Wochen selber kochen, zwei Stunden in der Woche kommt ein Berufsschullehrer, Studenten von der Uni geben Bewerbungstrainings, und Nicole Niermann bietet Bastel-AGs an. Die meiste Zeit jedoch sitzen die Mädchen auf der Zelle. Betreuer aus Jugendämtern sieht man hier selten.

> Rund 40 Prozent der Mädchen sind nicht zum ersten Mal in der Jugendarrestanstalt Wetter. Insgesamt liegt die Rückfallquote bei Jugendarrest in Deutschland bei ca. 70 Prozent.
>
> *Quelle: Bundesinnenministerium, Bundesjustizministerium (2006), Jugend-arrestanstalt Wetter (2008)*

Traut man den Mädchen den Sprung zurück nicht mehr zu? Lohnt sich das nicht?

»Also, ich denke, um die Jugendlichen hier mit ihren Defiziten erreichen und wirklich was bewirken zu können, die anzuschubsen, dass sie draußen auch aktiver werden, müsste mehr getan werden«, sagt Justizvollzugsbeamtin Nicole Niermann und kippt ein buntes Knäuel Wollfäden auf den Tisch ihrer Bastelgruppe. »Woran liegt es, dass das nicht so ist?«, fragen wir sie. »Ich schätze mal, hauptsächlich an finanziellen Mitteln und auch daran, dass das gesellschaftlich erst mal so gewollt ist, dass mehr verwahrt wird anstatt pädagogisch gearbeitet.«

Drei Tage später wird Sara entlassen. Ihre Mutter hat versprochen, sie abzuholen, doch als Sara ins Freie tritt, ist niemand da. Statt ihrer Mutter kommt zwei Minuten darauf Rebecca um die Ecke gelaufen. Erst weint nur Sara, dann beide, immer wieder umarmen sie sich, lachen und freuen sich. »Mach bloß keine Scheiße mehr!« Jetzt hat Sara mal die Mutterrolle eingenommen, denn sie hat ja nun auch mehr Erfahrung. »Das ist so scheiße da drinnen. Ich will auf keinen Fall, dass du da auch reinmusst.« »Ich mach keine Scheiße mehr, versprochen!«, sagt Rebecca. Eine Dreiviertelstunde später kommt Saras Mutter doch noch. Irgendwie hat sie den Termin verpasst. »Wo warst du?« Sara weint und versucht, ihre Mutter zu umarmen. Die rührt sich kaum, klopft Sara nur ein, zwei Mal auf die Schulter. Sara gibt auf und sagt: »Darf ich mich heute mit Rebecca treffen?« »Nein.« »Darf ich heute in die Schule?« »Nein, heute nicht.« »Wie war das jetzt, drei Wochen ohne Ihre Tochter?«, fragen wir die Mutter noch kurz, bevor sie die Autotür schließt. »Man hat sie vermisst«, sagt sie kurz.

Im Jugendamt Solingen wartet Peter Morschhäuser auf Kathy. Auch sie wurde inzwischen entlassen. Peter Morschhäuser ist Kathys Betreuer und hat sie trotzdem noch nie gesehen. Bei Kathys Gerichtstermin war eine Kollegin. Jetzt hat er Kathy mit einem Schreiben zu einem Termin eingeladen, um mit ihr über ihre Zukunft zu sprechen. Doch Kathy wird nicht kommen. »Mich ärgert der Ablauf«, sagt der freundliche Mann in dem tristen Büro, der den Jugendlichen wohlgesonnen ist, der in seiner Freizeit gern wandert und braun gebrannt ist. »Mich ärgert, dass im Prinzip diejenigen, die die Schwierigkeiten haben auch in ihrem Erziehungsauftrag, die Eltern, dass die die alleinige Entscheidung darüber treffen können, ob eine Jugendhilfemaßnahme vom Jugendamt eingerichtet wird oder nicht.« Die Eltern könnten einfach sagen: »Nein, wir brauchen keine Hilfe«, und damit bliebe die Situation des Kindes so, wie sie ist. So sei es bei Kathy gewesen. Jetzt ist es zu spät. Jetzt ist Kathy achtzehn. »Kein Wunder, dass sie kein Vertrauen mehr zu Leuten wie mir hat, kein Wunder, dass sie nicht kommt. Bis heute hat sich kein einziger Erwachsener dauerhaft und ehrlich mit ihr beschäftigt, und daran werde ich sie auch nicht mehr gewöhnen.«

Kathy hat den Brief von Peter Morschhäuser zwar bekommen, wollte aber nicht hingehen. Lieber wollte sie sich mit Nicole aus ihrer Zelle treffen. Die kommt sie am Wochenende besuchen. Fast drei Wochen ist der Arrest für die beiden jetzt her. Vom Bahnhof laufen sie direkt zu Kathys Einzimmerwohnung. Und jetzt? Ist alles anders? Hat der Arrest etwas bewirkt? »Meine vier Wände«, stellt Kathy Nicole ihr kleines Reich vor. »Ein bisschen größer als 'ne Zelle!«, lachen sie, und dann rückt Nicole mit der Wahrheit heraus. »Ich sag mal so, zwei Wochen Erholung sind schon gut gewesen, und jetzt kommen die ganzen Probleme wieder. Mit den Mädchen, da hat man immer einen zum Reden gehabt. Da drin wirst du von allem verschont, hast nur Zeit zum Nachdenken, und hier draußen, ich weiß nicht, da fehlt dir die Zeit zum Nachdenken, und alles kommt auf einmal, sozusagen.« Kathy nickt. »Ja, draußen ist wieder alles voll stressig.« »Der Arrest war Erholung?«, fragen wir ungläubig. »Ja, das war Erholung pur.«

ZUKUNFT

Als wir Helmut Weber wiedertreffen, hat für ihn gerade das fünfte Jahr mit Hartz IV begonnen. Wie gewohnt sitzt er auf seiner Schlafcouch, über die er tagsüber immer noch dieselbe rote Wolldecke legt. Er dreht sich eine Zigarette, klopft damit auf den Couchtisch, zündet sie an und raucht. »Jetzt sind vier Jahre mit Hartz IV um. Wie geht es Ihnen jetzt?«, fragen wir. »Arbeit habe ich immer noch keine«, sagt Helmut Weber. »Das Thema hat sich für mich auch erledigt. Ich kann ja nicht mehr.« Und sonst? »Es ist alles weniger geworden in den letzten Jahren. Weniger Geld, und das, was man braucht, ist alles teurer. Besser ist eigentlich nichts.« Wir schauen uns in der Wohnung um. Es ist ruhiger als sonst. Und es sieht so aus, als wäre schon länger nicht mehr geputzt worden. Helmut Weber schaut und raucht, und plötzlich sagt er ganz unvermittelt: »Pascal ist weg. Sie haben ihn ins Heim geholt.«

An einem Abend vor zwei Wochen sei er gemeinsam mit Pascal auf dem Geburtstag seiner Exschwiegermutter gewesen, erzählt Helmut Weber. Auf der Rückfahrt hätten sie an der Bushaltestelle gestanden, als plötzlich die Polizei gekommen sei. »Ich hatte zwei Bierflaschen in einer Tüte dabei und auch schon ein, zwei Bier getrunken.« Er habe pusten müssen und sei auf ein Promille gekommen, mehr nicht, sagt er. »Trotzdem haben die gesagt, dass ich mich nicht gut um Pascal kümmere, und den gleich mitgenommen«, sagt er. Schon lange hatte das Jugendamt das Aufenthaltsbestimmungsrecht für Pascal. »Seit der alten Geschichte«, meint Helmut Weber. Die alte Geschichte ist jetzt fast vier Jahre her. Damals waren Pascal und Dustin spät am Abend allein in der Wohnung. Helmut Weber war aus und hatte ein bisschen mehr als zwei Bier getrunken. »Die beiden sind dann abgehauen«, sagt er, »waren einfach weg.« Damals ist entschieden worden, dass das Jugendamt von nun an bestimmen darf, wo Pascal und Dustin leben. Das Sorgerecht ging in Teilen an Helmut Webers Exfrau. Sie hat nun das Jugendamt gebeten, Pascal in ein Heim zu schicken. »Bisher haben sie mir den Jungen gelassen«, sagt Helmut Weber. »Und er hatte es doch auch gut hier. Ich verstehe das alles nicht.« Er habe immer mit den Mitarbeitern beim Amt kooperiert, die Familienhelferin in die Wohnung gelassen, sei pünktlich zu allen Terminen gegangen. »Und jetzt das. Ich verstehe das nicht.« Helmut Weber ist nun Mandant eines Anwalts, der vor allem Hartz-IV-Empfänger berät. »Ich werde dafür sorgen, dass Pascal wieder nach Hause kommt«, sagt er. Helmut Weber ist jetzt oft allein, denn nicht nur Pascal ist inzwischen verschwunden.

Oben an der Tür der Dachgeschosswohnung hängt jetzt ein Schild mit einem anderen Namen. Jessica und René Weber sind ausgezogen. Jessica lebt jetzt mit Janina in Gelsenkirchen. René ist unauffindbar. »Vielleicht ist der obdachlos, auf der Straße«, sagt Helmut Weber. »Ich will auf jeden Fall nichts mehr mit dem zu tun haben.« Weil René die Sozialstunden auf dem Wattenscheider Friedhof nicht abgeleistet hatte, musste er wieder ins Gefängnis. »Da habe ich gesagt: Das war's jetzt«, erzählt Jessica Weber, als wir später telefonieren. »Mir hat es gereicht, und ich hab ihn verlassen.« Auch sie hat keinen Kontakt mehr zu ihm. Ihr Anwalt versucht schon lange, ihn zu erreichen, denn Jessica Weber will die Scheidung. »Ich mache da einen ganz dicken Strich drunter«, sagt sie. »So einen dicken Strich gibt es gar nicht.« Sie will sich und Janina ein neues Leben aufbauen und hat vor einigen Wochen damit angefangen. Sie hat Janina im Kindergarten angemeldet. Sie hat einen neuen Mann kennengelernt, und seit Anfang des Jahres geht sie sogar wieder zur

Schule. »Ich will meinen Realschulabschluss machen«, sagt sie. »Und dann will ich in die Bestattungsbranche.« Da gäbe es vielleicht Arbeit. »Gestorben wird doch immer, oder? Einmal eine Arbeit zu haben, das ist jetzt mein Ziel.«

Alles auf null

»Aufgelegt, der hat einfach aufgelegt.« Dabei hatte Christian Sonnenbaum doch nur gefragt, ob sie Lkw-Fahrer bräuchten. Er hat jetzt schon mindestens zwanzig verschiedene Speditionen angerufen. Jetzt probiert er es bei der nächsten. Irgendwer muss doch noch Arbeit haben. Er hat sich die *Gelben Seiten* neben sein Telefon gelegt, vor ihm auf dem Computerbildschirm erscheinen zusätzlich noch Firmenadressen über die Grenzen Essens hinaus. Bis runter nach Düsseldorf hat er jetzt schon gesucht, ohne Erfolg.

Christian Sonnenbaum sitzt wieder da, wo er 2005 einmal hoffnungsvoll gestartet war: im Büro der *Randstad*-Filiale in der Essener Innenstadt. »*Randstad*, die haben immer was für mich.« Das waren seine Worte, als wir Christian Sonnenbaum damals zum ersten Mal trafen. Siebenundfünfzig verschiedene Jobs hat er seitdem für die Leihfirma gemacht. Dies hier ist sein achtundfünfzigster, und eigentlich ist es ein Job, den er gar nicht machen müsste. Es ist die Aufgabe seiner Arbeitsvermittlerin. Eigentlich sollte sie ihm die Einsätze besorgen, jetzt macht er das selbst. Immer weniger Jobs hatte er in den letzten Wochen, immer häufiger saß er zu Hause. Dann rief ihn *Randstad* an. Er solle ins Büro kommen, dort könne er sich nützlich machen. Er solle für sich und die Kollegen Arbeit beschaffen. »Wenn nicht bald was passiert, müssen wir dir leider kündigen«, hatte seine Arbeitsvermittlerin zu ihm gesagt.

In der Zeitarbeitsbranche gab es jahrelang eine Erfolgsmeldung nach der anderen. Wachstumsraten von zwanzig Prozent hatten bei *Randstad* und Co. für Feierstimmung gesorgt. Die Leihfirmen hatten den Durchbruch geschafft, in einigen Großbetrieben stellen sie mittlerweile ein Drittel der gesamten Belegschaft. Doch jetzt gibt es zum ersten Mal einen Rückschlag. Der Aufschwung, der die Leiharbeit beflügelt hatte, ist vorbei. Schuld sind faule amerikanische Immobilienkredite, die Bankenpleiten, der Absturz der Börsen. Was als Finanzkrise begann, wächst sich Ende 2008 zu einer echten Wirtschaftskrise aus.

Hier im Ruhrgebiet trifft die Krise die Leihfirmen besonders hart. Ihre größten Kunden sind ins Straucheln geraten. Erst sind es Opel in Bochum und die Autozulieferer, später auch viele Industriebetriebe, die auf den Export konzentriert sind. Plötzlich gibt es überall Auftragsrückgänge und Umsatzeinbrüche. Während zwei Jahre zuvor *Randstad*, *Manpower*, *Adecco* und die anderen oft Not hatten, genügend Leute zu finden, wissen sie jetzt häufig gar nicht mehr, wohin mit ihren ganzen Leiharbeitern, die sie unter Vertrag haben. »Es rufen reihenweise Firmen an und bestellen die Leute ab«, erzählt uns Christian Sonnenbaum. »Da ist richtig miese Stimmung im Büro.« Die Leiharbeiter sind die ersten Opfer der Krise.

Drei Viertel aller Deutschen glauben, dass uns der schlimmste Teil der Krise noch bevorsteht.

Deutsche Wirtschaftsforscher rechnen für 2009 mit einer Rezession zwischen 1,9 und 2,7 Prozent. Das wäre der stärkste Wirtschaftsabschwung seit 1949.

Quellen: ARD-Deutschlandtrend Dezember (2009), Institut für Weltwirtschaft, Rheinisch-Westfälisches Institut für Wirtschaftsforschung und Ifo-Institut für Wirtschaftsforschung (2008)

»Wenn Sie einmal keinen Einsatz haben, zahlen wir Ihnen das Gehalt natürlich ganz normal weiter.« So hatte die *Randstad*-Vermittlerin Christian Sonnenbaum das Prinzip der Leiharbeit damals erklärt. Das Unternehmen hat schließlich zuvor auch an ihm verdient. Vom Auftraggeber hat die Verleihfirma meist das Doppelte von dem kassiert, was sie Christian Sonnenbaum an Lohn ausgezahlt hat. »Wo ist all das Geld geblieben, das *Randstad* an mir verdient hat?«, fragt sich Christian Sonnenbaum. »Wie kann es sein, dass ich jetzt selber gucken muss, wo neue Aufträge herkommen? Das ist doch die Aufgabe meiner Leihfirma.« Weil die Alternative die Kündigung ist, hat er keine andere Wahl.

Als ein paar Tage später immer noch keine neuen Aufträge da sind, drängt ihn die Mitarbeiterin von *Randstad*, seine Arbeitszeit auf dreißig Stunden pro Woche zu reduzieren. Für Christian Sonnenbaum bedeutet das noch weniger Geld. Er weiß nicht, wie das gehen soll. 120 Euro hätte er weniger in der Tasche, wenn er die Stundenzahl reduzieren würde. Darauf kann er kaum verzichten, er lebt schon sehr spartanisch, leistet sich beim Einkauf nur das Nötigste. Für sein größtes Hobby, Fantasy-Bücher und -Filme, bleibt nichts mehr übrig. »Die haben mir dann gesagt, ich solle doch morgens zusätzlich Zeitungen austragen.« Christian Sonnenbaum will sich darauf nicht einlassen.

In den nächsten Tagen hat er noch zwei Kurzeinsätze. Dann ruft der Betriebsrat an, der ihm sagt, dass die Firma ihm kündigen wolle. Sie könnten leider nichts mehr für ihn tun. Er solle am besten einen Auflösungsvertrag unterschreiben. Das sehe dann im Lebenslauf besser aus, und er habe noch Anspruch auf eine kleine Abfindung. Ein paar Kollegen hätten das auch schon so gemacht. »Ich brauch Bedenkzeit«, sagt Christian Sonnenbaum.

Was jetzt? Er hockt zu Hause in seiner kleinen Zweizimmerwohnung und weiß nicht, was er tun soll. Er sitzt auf der alten

Couch, von draußen kriecht kalte Luft herein. Die Fenster sind schlecht isoliert. Über drei Jahre hat er es jetzt als Leiharbeiter bei *Randstad* probiert. Sie hatten ihm Hoffnung gemacht, bei einem der vielen Kunden übernommen zu werden. Anfangs hatte seine Arbeitsvermittlerin noch von Aufstiegschancen gesprochen, später dann nicht mehr. Sie wollten ihn weiterbilden. Er könne an einem Qualifizierungsprogramm teilnehmen, damit er seine Arbeitsperspektiven verbessere, hieß es. »Da ist nie was draus geworden. Ich habe bestimmt fünfzig Mal nachgefragt. Aber die haben mich immer vertröstet.« Entweder war gerade so viel zu tun, dass er beim Kunden unentbehrlich war, oder es war gerade kein Platz im Weiterbildungsprogramm frei. »Den Kollegen ging das genauso, ich weiß gar nicht, ob diese Qualifizierungsprogramme überhaupt existieren oder ob sie die nur als Werbung in diese Broschüren schreiben.«

Christian Sonnenbaum ist also nicht aufgestiegen, er ist auch nicht in einem Betrieb »kleben« geblieben, aber er hatte zumindest Arbeit. Jetzt hat er Angst. Wie soll das gehen ohne *Randstad*? »Hartz IV ist nicht mein Ding, da bin ich altmodisch.« Er will locker klingen, doch es gelingt ihm nicht. Denn er weiß genau, wie ernst die Lage ist.

> Nur jeder vierte Deutsche ist der Auffassung, dass es ihm heute besser geht als noch vor fünf Jahren.
>
> Nur 30 Prozent der Deutschen erwarten, dass es ihnen in fünf Jahren besser geht als heute.
>
> In keinem anderen europäischen Land blicken die Menschen pessimistischer in die Zukunft.
>
> *Quelle: Statistisches Bundesamt (2008)*

In seinen Fantasy-Romanen wird die Zukunft auch oft düster gezeichnet. Doch da gibt es meistens irgendeinen überraschenden Ausweg. Im echten Leben hat Christian Sonnenbaum augenblicklich weniger Hoffnung. Er macht sich nichts mehr vor, er macht sich selbst Vorwürfe. »Irgendwie will ich ja was auf die Beine stellen. Aber es klappt einfach nicht. Hätte ich bloß damals diese Lehre nicht abgebrochen.« Heute kann er das nicht mehr ändern. Was liegt überhaupt noch in seiner Hand, inwieweit kann er seine berufliche Situation überhaupt noch selber steuern? »Ich hatte mich echt angestrengt die letzten Jahre. Bei *Randstad* haben die mir kürzlich sogar noch gesagt, ich sei einer ihrer besten Leute. Und jetzt das.«

Knapp 1500 Euro brutto hat man ihm dann als Abfindung angeboten, wenn er freiwillig ginge. Abends kommt seine Freundin vorbei. Sie baut ihn etwas auf. Lange diskutieren sie, wie es jetzt weitergehen soll. Am Ende des Tages hat Christian Sonnenbaum eine Entscheidung getroffen. Er wird den Auflösungsvertrag bei *Randstad* unterschreiben und sich um etwas Neues bemühen.

Als wir zwei Wochen später, kurz vor dem Jahreswechsel, noch einmal telefonieren, hat er tatsächlich einen neuen Job gefunden. Wieder mal bei einer Leihfirma. Seine Freundin hat ihn empfohlen, sie ist dort selbst früher mal gewesen. Christian Sonnenbaum gibt jetzt im Auftrag einer großen deutschen Krankenkasse Daten von Arbeitsunfähigkeitsbescheinigungen in den Computer ein. Die Tätigkeit nennt sich offiziell »Datentypist«. »Der Job macht mir Spaß, das ist wirklich viel besser als vieles, was ich vorher gemacht habe«, sagt er. Er verdient zwar nicht mehr, aber er hat die Hoffnung, dass er hier etwas länger bleiben darf.

Christian Sonnenbaum ist jetzt sechsunddreißig Jahre alt. Früher wollte er einmal Rettungsassistent oder Sozialpädagoge werden. Heute hat er all seine beruflichen Träume begraben. Von seiner Zukunft erwartet er nicht mehr viel. »Sobald ich jetzt mal irgendwo fest einen Fuß drin habe, werde ich da auch auf Dauer bleiben. Ganz egal, was das für ein Job ist«, sagt er. »Ich bin mittlerweile sehr realistisch geworden. Man will ja irgendwann mal was haben, auch wenn es nicht viel ist. Und man hat halt mehr Selbstwertgefühl, wenn man arbeitet.«

Lebensziel: Sicherheit

Viel hat sich nicht geändert. Drinnen laufen die Drehmaschinen mit einem lauten Surren, nur draußen auf dem Parkplatz liegen nicht mehr ganz so viele Stahlrohre wie damals vor zwei Jahren. Auch bei der kleinen Metallfirma in Lünen ist die große Konjunkturkrise angekommen. Besonders die Aufträge aus China fehlen, deshalb produzieren sie jetzt weniger. Uwe Kahl ist mittlerweile der einzige Leiharbeiter hier. Er steht wie immer hinten rechts in der Werkhalle an seiner Maschine. Ein großes Stahlrohr dreht sich darauf. Die Metallspäne prasseln gegen die Sicherheitsabdeckung. Er mag dieses Geräusch. Auch Uwe Kahl hat den Sprung aus der Leiharbeit nicht geschafft. Er ist zwar seit fast drei Jahren an dieselbe Firma verliehen, aber eben nicht fest übernommen worden. »Was soll ich denn machen? Ich muss halt damit leben, dass ich vielleicht auch die nächsten zwanzig Jahre noch Leiharbeiter bleibe.«

Uwe Kahl hofft, dass es seinen Kindern einmal anders ergeht als ihm. »Was mich besonders freut, ist, dass mein Großer jetzt einen festen Job hat«, sagt er. Sein Sohn Thomas hat nach seiner Ausbildung eine Stelle als Krankenpfleger in einer Dortmunder Klinik bekommen. Auch die Tochter Yvonne macht da ihre Ausbildung. Im nächsten Jahr wird sie fertig sein. Beide wollten nicht studieren. Sie setzten auf Sicherheit. »Krankenhäuser und Altenpflege sind doch eine krisenfeste Branche. Alte und Kranke gibt es immer. In Zukunft wahrscheinlich noch mehr«, sagt Uwe Kahl.

> Für 79 Prozent aller Jugendlichen ist Leben in Sicherheit eins ihrer wichtigsten Zukunftsziele. Zwanzig Jahre zuvor gaben das nur 69 Prozent an.
>
> *Quelle: Shell-Jugendstudie (2006)*

Der Sechsundvierzigjährige hat immer darauf geachtet, dass seine Kinder eine gute Schulausbildung und einen ordentlichen Beruf bekommen. Seine Tochter war auf der Gesamtschule, sein Sohn auf dem Gymnasium. »Ich finde, man ist auch immer ein Stück selber dafür verantwortlich, was man aus sich und seinem Leben macht«, sagt er. So hat er seine Kinder erzogen. »Ich finde, es hilft nicht, wenn alle immer nur nach dem Staat schreien.« Dem Staat hat er nie groß getraut. Schließlich haben er und seine Familie dem Sozialismus in der DDR damals den Rücken gekehrt, weil dort individuelle Leistung eben nicht belohnt wurde. Uwe Kahl hat immer den kapitalistischen Traum gehabt. Er hat fest daran geglaubt, dass in einer freien Wirtschaft jeder nach oben aufsteigen kann, solange er es nur will und sich anstrengt. Der Staat solle dafür lediglich die Rahmenbedingungen setzen.

Jetzt merkt Uwe Kahl, dass die Grundsätze, an die er geglaubt hat, ins Wanken geraten sind. »Es läuft was schief bei uns im Land«, sagt er. Er kennt immer mehr Menschen, die nach unten abgerutscht sind, aber kaum welche, die nach oben aufgestiegen sind. »Bildung und Fleiß allein sind heute keine Garan-

tie mehr für einen ordentlichen Job und ein gutes Auskommen.«
Und diese Erkenntnis macht ihm Sorgen. Was bleibt dann
noch?

> **Nur noch 13 Prozent der Bundesbürger empfinden die wirtschaftlichen Verhältnisse in Deutschland als gerecht.**
>
> **Lediglich 31 Prozent der Deutschen haben eine positive Meinung von der sozialen Marktwirtschaft. 2005 waren es immerhin noch 55 Prozent.**
>
> *Quelle: Statistisches Bundesamt (2008)*

»Ich bin ein Sicherheitsmensch«, sagt Uwe Kahl immer wieder.
Oft genug hat er in seinem Leben genau das Gegenteil erleben
müssen. In der DDR hat ihn die Stasi beobachtet, weil er sich gegen das Regime aufgelehnt und einen Ausreiseantrag gestellt
hatte. »Da stand ständig ein Auto vor der Tür. Die hatten uns
immer im Blick. Wir wussten damals ja nicht, ob die uns ziehen
lassen oder ob die mich in den Knast stecken.«

Sein Leben hat er seit damals genau geplant, jeden Schritt
durchdacht, Experimente vermieden. »Bloß kein Risiko eingehen. Das war schon immer meine Devise«, sagt er. Sie wohnen
heute noch in der gleichen Dreizimmerwohnung, in die sie 1988
nach den ersten Wochen im Auffanglager Unna-Massen gezogen sind. Dass sich seine erwachsenen Kinder bis heute ein Zimmer teilen müssen, ist in anderen Familien schwer vorstellbar. Er
hat nie Schulden gemacht und auch seine Kinder zur Sparsam-
keit erzogen. Selbst von seinem kleinen Gehalt hat er immer
noch ein bisschen zur Bank gebracht. »Ich brauche keine zwei-
tausendfünfhundert Euro zum Leben. Ich kann ganz gut verzichten.« Nur vor einigen Tagen hat er mal eine Ausnahme ge-

macht. Er ist ins Reisebüro gegangen und hat einen Urlaub gebucht. »Meine Frau und ich haben im Juni 2009 Silberhochzeit und fahren dann für zehn Tage nach Wien. Da wollten wir immer schon mal hin.« Ein bisschen aufgeregt werden sie sein, denn für Uwe Kahl und seine Frau Katrin wird es die allererste Auslandsreise.

Mangelnde Reisefreiheit war nie ein Grund für ihre Flucht damals aus der DDR. Uwe Kahl suchte für sich und seine Familie einen sicheren Platz in der sozialen Markwirtschaft. Mit Bescheidenheit und Fleiß wollten sie hier ein kleines Stückchen Wohlstand aufbauen. Doch weil er als Leiharbeiter seit Jahren nicht weiß, wie lange er den Job noch behalten wird, will das nicht gelingen. »Ich weiß nicht, ob man das wirklich so vergleichen kann, aber manchmal ist da wieder dieses Gefühl wie damals am Bahnhof in Dresden, am Tag unserer Ausreise. Man weiß nicht genau, was noch auf einen zukommt.«

Abschied aus Deutschland

»Liebe Heidemarie, lieber Horst Danzer, wir wissen nicht, ob Sie dieser Brief überhaupt erreichen wird. Seit Wochen versuchen wir, Sie ausfindig zu machen, leider ohne Erfolg.« So beginnen wir unseren Brief. Im Herbst 2008 scheinen Heidemarie und Horst Danzer wie vom Erdboden verschluckt. In Berlin-Spandau sind sie abgemeldet, die Mobilfunknummer ist außer Betrieb, und auch auf unsere E-Mails erfolgt keine Reaktion. Alles, was wir in Erfahrung bringen können, ist eine Postanschrift im Attergau in Österreich. Die Adresse gibt uns ein Mitarbeiter der Gewerkschaft in Berlin. Mehr können sie uns dort aber auch nicht sagen. Da unter der Adresse keine Familie Danzer im Telefonbuch zu finden ist, versuchen wir es also mit dem Brief.

Eine Woche später klingelt das Telefon. »Horst Danzer hier, hallo. Danke für den Brief!« Er und seine Frau seien inzwischen ausgewandert, erzählt er uns. Nach unserem letzten Besuch sei es immer weiter bergab gegangen, bis sie schließlich die Konsequenzen gezogen hätten.

> 161 000 Deutsche sind 2007 ausgewandert. Das sind gut 60 Prozent mehr als noch 1991. Hauptziele der Auswanderer sind die Schweiz, gefolgt von den USA, Polen und Österreich.
>
> *Quelle: Statistisches Bundesamt (2008)*

Horst Danzer reicht den Hörer an seine Frau weiter. Sie hört sich nicht richtig glücklich an. »Ich vermisse Berlin, unsere Wohnung und die Freunde schon sehr. Trotzdem war es die richtige Entscheidung, aus Deutschland wegzugehen«, sagt sie. Heidemarie Danzer war nach der Kündigung beim *Pommer*-Menüservice mehrfach beim Arbeitsamt. Aber man hat ihr keinen neuen Job vermitteln können. »Ich erinnere mich noch an den Spruch der Sachbearbeiterin«, erzählt sie uns. »Auch wenn man nicht so aussieht, das Alter steht auf dem Papier, und damit muss man sich eben abfinden. Das hat die so zu mir gesagt. Mir blieb da glatt die Spucke weg. Was hat man denn da noch für Argumente?«, meint die Achtundfünfzigjährige.

Insgesamt zwanzig Bewerbungen für Vollzeit- und Teilzeitstellen hat sie geschrieben, ohne Erfolg. Schließlich dann doch ein Lichtblick. Die gelernte Apothekenhelferin bekommt eine Stelle als Urlaubsvertretung in einer Apotheke. »Das war ein schönes Gefühl, als ich da zwischen den großen Medikamentenschränken stand. Auch die Leute waren nett.« Der Chef hat ihr sogar 7 Euro 50 gezahlt – dafür, dass sie in der Apotheke geputzt hat. »Das nennt man, glaube ich, Ironie des Schicksals. Früher habe ich selber in der Apotheke gestanden. Da habe ich mir auch keine großen Gedanken gemacht, was die Putzfrau verdient.«

Als die Urlaubsvertretung zu Ende geht, bewirbt sich Heidemarie Danzer als Gebäudereinigungskraft. Das Inserat hat sie aus der Zeitung. Sie putzt in einer großen Berliner Firma, die Laser produziert. Die Labore müssen immer blitzblank sein. »Wenn bei denen Feierabend war, fing bei uns die Arbeit an. Um 17 Uhr ging es los. Um 21 Uhr waren wir meistens fertig.« Samstags ist sie mit dem Kollegen dann noch mal für sechs Stunden hin, um die Fenster zu putzen. »Die haben mir dreihundertvierundsieb-zig Euro netto für sechsundzwanzig Stunden Arbeit die Woche gezahlt. Da bin ich mit drei Euro fünfundfünfzig die Stunde nach Hause gegangen.« Heidemarie Danzer ist also vom Regen in die Traufe gekommen. Die Arbeit ist eine andere, der Lohn genauso schlecht wie vorher beim Menüservice. »Ich kam mir ein biss-chen vor wie so ein Hamster in seinem Rad. Egal was man auch tut, wie schnell man rennt, man kommt nicht vom Fleck.«

Schließlich gibt Heidemarie Danzer auf und geht nach Öster-reich. Horst ist schon ein paar Wochen vorher gegangen. Seinen Job als Koch hatte er verloren. Es drohte Hartz IV. In Österreich hat er bereits eine Wohnung organisiert und eine Stelle als Ser-viceleiter an einer Autobahnraststätte gefunden. Auch Heide-marie kann da anfangen. »Ich musste mich um das Frühstücks-buffet kümmern. Um fünf Uhr morgens ging es los. Kaffee kochen, Aufschnittplatten machen, Orangensaft nachfüllen und diese Dinge halt. Zwischendurch aufräumen und spülen.« Es ist ein harter Job, den ganzen Tag stehen, fast zehn Stunden lang. Doch sie verdient endlich wieder Geld, 1300 Euro brutto im Mo-nat. So viel hat sie seit Jahren nicht mehr gehabt.

Nach ein paar Monaten ist für Horst und Heidemarie Danzer aber mal wieder Schluss. In der Nebensaison kommen kaum noch Touristen, um an der Autobahnraststätte zu frühstücken. Zum Glück findet zumindest Horst Danzer sofort etwas Neues. Er arbeitet jetzt als Kellner in einem schicken Wellnesshotel in Sankt Georgen und ist sehr zufrieden. Heidemarie sitzt zu Hause in der roten Küche. »Die haben wir mitgenommen, weil sie uns so gut gefällt und teuer war. Die meisten anderen Sachen mussten wir leider zurücklassen.« Nach und nach wollen sie sich jetzt hier einrichten. Österreich ist ein Neustart. »Irgendwann ist der Punkt einfach da gewesen, wo es nicht mehr ging. Wir haben es immer wieder in Deutschland probiert. Wir haben viel und hart gearbeitet, aber leben konnten wir davon nicht. Jetzt verdient Horst mehr, als wir zusammen in Berlin hatten.«

Im Februar wird Heidemarie Danzer neunundfünfzig Jahre alt. Sie hat ihr Leben lang gearbeitet, erst gut verdient, später immer schlechter. Kürzlich kam ihr aktueller Rentenbescheid. Knapp 800 Euro stehen ihr mit fünfundsechzig Jahren zu. Das ist deutlich mehr, als sie als Menübotin oder bei ihrem Putzjob hatte, und deutlich weniger als bei ihrem eigentlichen Beruf als Apothekenhelferin. »Als Bilanz meines Arbeitslebens ist das ein Armutszeugnis.«

Nur noch ein Drittel aller Deutschen vertraut dem Rentensystem. In keinem anderen EU-Land ist das Vertrauen in das Rentensystem so gering.

Quelle: Statistisches Bundesamt (2008)

Heidemarie Danzer hofft, dass sie im nächsten Jahr in Österreich wieder Arbeit findet. Wenn es klappt, kann sie sich zumindest sicher sein, dass sie nie wieder so schlecht bezahlt wird wie zuletzt in Deutschland. Seit dem 1. Januar 2009 gilt auch in Österreich ein flächendeckender Mindestlohn von 7,05 Euro pro Stunde. Kein Vollzeitarbeitnehmer soll demnach monatlich weniger als 1000 Euro verdienen, nach allen Abzügen bleiben davon mindestens 818 Euro netto übrig. So ein Modell hätte sich Heidemarie Danzer auch in Deutschland gewünscht. Dann wären sie und ihr Mann vielleicht nicht ausgewandert.

Abgehängt

Auswandern. Einfach weggehen. Die Mappe mit den vergeblichen Bewerbungen nie mehr aufschlagen, nie mehr durchblättern müssen. Davon träumt auch Volker Hoppe jetzt immer häufiger. »Wenn mein Freund nicht so an dem Haus hängen würde, wäre ich schon längst weg«, sagt er. Nach Kanada vielleicht. Da lebt eine Bekannte. »Wenn ich die anrufe und sage, dass mich auch nach Hunderten Bewerbungen keiner will, dann meint sie immer: Dann komm doch her! Hier findest du Arbeit!«

Aber das Weggehen fällt ihm schwer. Was ist, wenn es dort auch nicht klappt? Und hat er nicht ein Recht, in diesem Land, in dem er immer gelebt hat, eine Zukunft zu haben? Weggehen, das kann doch nicht die einzige Lösung sein? Volker Hoppes Lebenspartner würde wohl nicht mitkommen. Er sagt immer: »Einen alten Baum, den verpflanzt man nicht.« Und eigentlich, sagt Volker Hoppe, mochte er sein Leben in Deutschland. Das Haus, die Freunde, das Land. »Aber ich habe von diesem Leben nichts mehr, weil meine Gedanken nur noch um eine Frage kreisen: Warum finde ich keinen Job?« Er habe nie gedacht, dass sich ein Mensch ausschließlich darüber definieren könne. Aber es sei so. »Dass mich keiner zu wollen scheint, das bestimmt mein Leben«, sagt er. »Ich bin ständig niedergeschlagen, fühle mich nutzlos und weiß nicht, wie es weitergehen soll.«

An manchen Tagen scheint es, als habe Jana Kmetsch, die alleinerziehende Mutter aus Wattenscheid, sich selbst aufgegeben. Dann haben ihre T-Shirts Flecken, dann sieht man ihrer Kleidung an, dass sie schon lange getragen wird. Von Treffen zu Treffen nimmt Jana Kmetsch zu. Schließlich hat sie Probleme mit dem Laufen, mit der Treppe zu ihrer Wohnung. Wenn sie Einkäufe hat, erzählt sie, muss sie oft die Kinder rufen, damit sie die Tüten in den dritten Stock tragen. »Ich selber«, sagt sie, »schaffe das nicht.« Sie nimmt jetzt viele Tabletten – gegen die Schmerzen in den Gelenken, gegen Allergien und manchmal auch gegen die Probleme.

39 Prozent der Menschen, die in Armut leben, bezeichnen ihren Gesundheitszustand als »gut« oder »sehr gut«. Menschen, die ausreichend Geld zur Verfügung haben, sind zu 53 Prozent mit ihrem Gesundheitszustand zufrieden.

Quelle: Armuts- und Reichtumsbericht (2008)

»Was meinen Sie denn, wann ein Leben mit Arbeit wieder möglich sein wird?«, hatten wir Jana Kmetsch gefragt, als wir sie während ihrer Arbeitstherapie besuchten. »In vier, fünf Jahren«, hatte sie geantwortet und davon gesprochen, dass sie dann so weit sei, als Verkäuferin oder als Kassiererin zu arbeiten. »Darauf zielt das alles hier eigentlich ab«, hatte sie gesagt. »Sonst würde ich mir sagen: Wozu mache ich denn die ganzen Sachen?«

Zwei Jahre sind seitdem vergangen. Im letzten Frühjahr ist Jana Kmetschs Rentenantrag bewilligt worden. »Es war ein langer Kampf«, sagt sie. »Ich musste von Amt zu Amt rennen, bis ich den Antrag endlich durch hatte.« Jetzt erhält sie statt des Hartz-Geldes eine Rente wegen verminderter Erwerbsfähigkeit.

»Rente?«, fragen wir. »Suchen Sie erst mal keine Arbeit?« »Ich kann im Moment nicht arbeiten«, sagt Jana Kmetsch. Sie sei zu krank. Die Rente wird erst mal fünf Jahre lang gezahlt. Dann wird wieder geprüft, ob Jana Kmetsch eine Arbeit aufnehmen kann. Ins Therapiezentrum geht sie kaum noch. »Das setzt mich zusätzlich unter Stress, da jeden Vormittag hinzugehen«, meint sie.

Wir sitzen ihr ein wenig ratlos gegenüber, trinken den Tee, den sie gekocht hat, und fragen uns: Wieso hat sie es bisher noch nicht geschafft, wieder auf eigenen Beinen zu stehen? Schließlich hat sie sich helfen lassen. Sie hatte über Jahre einen vollen Terminkalender, ging von der Therapie zur Beratung, dann zur Familienhilfe. Sie ist heute wie damals über alle Hilfen, über alle Rechte, die sie hat, über alle Gelder, die ihr zustehen, bestens informiert und setzt ihre Ansprüche mit viel Energie durch. Könnte sie dieselbe Energie in die Suche nach einer Arbeit stecken? Oder steht es uns nicht zu, das zu beurteilen? Können wir, die wir hier in ihrer Küche sitzen, überhaupt nachvollziehen, wie schlecht es ihr wirklich geht? Sind manche Probleme so groß, dass sie sich nicht lösen lassen? Dass sie rechtfertigen, dass manche Menschen auf Dauer eine Art Schonraum bekommen? Immerhin kümmert sich Jana Kmetsch mit viel Einsatz um ihre drei Kinder. Aber die drei werden älter. Bald brauchen sie ihre Mutter nicht mehr so sehr. Welche Rolle spielen die Helfer, die Jana Kmetsch in den letzten Jahren beschäftigt hat? Wenn sie von den Terminen und Gesprächen erzählt, hat man den Eindruck, dass sie vor allem geschützt und entlastet wurde. Hätten die Helfer auch antreiben müssen?

»Felix, die Fernsehzeit ist jetzt zu Ende«, sagt Jana Kmetsch. »Kommt her, sagt guten Tag!« Konstantin bleibt in seinem Zimmer. Er ist krank, wie so oft. Felix und Paula kommen in die Wohnküche. Es geht ihnen gut. In der Schule kommen sie immer noch ganz gut klar. Felix lacht viel. Paula kämmt ihrer Mutter die Haare. Ihnen soll es einmal besser gehen. Das ist das einzige Ziel, an dem Jana Kmetsch entschlossen festhält, an dem sie wohl immer festhalten wird.

Der Besuch bei Jana Kmetsch ist der letzte in diesem Winter, vier Jahre nach der Einführung von Hartz IV. Die Gesetze sollten denen Chancen auf Arbeit eröffnen, die bislang kaum Chancen hatten. Vier Jahre später hat keiner der Menschen, die wir begleitet haben, den Weg aus der Arbeitslosigkeit oder dem Niedriglohnsektor geschafft. Nur einer hat eine feste Stelle gefunden, von der er auch wirklich leben kann: Horst Danzer, der Koch, der gemeinsam mit seiner Frau Heidemarie Deutschland verlassen hat. Aber er hatte auch vor Hartz IV Arbeit.

Hartz IV sollte vor allem die jungen Arbeitslosen fördern. 70 Prozent der unter dreißigjährigen Hartz-IV-Empfänger schafften es nicht, in eine dauerhafte Beschäftigung zu wechseln. Sie blieben ständig oder immer mal wieder abhängig vom Amt.

Quelle: Institut für Arbeitsmarkt- und Berufsforschung (2008)

Trotzdem haben die Hartz-Gesetze Deutschland verändert. Sie haben das Leben ohne Arbeit härter gemacht, weil derjenige, der den Job verliert, schneller mit weniger Geld leben muss. Sie haben mit dazu beigetragen, dass die Bereitschaft der Menschen gestiegen ist, auch für sehr wenig Geld zu arbeiten. Auf Leihbasis oder für Stundensätze um die vier oder fünf Euro. Dies sind die Konsequenzen, die jeder schnell spürt und die in Studien und Statistiken ausreichend erfasst und beschrieben sind. Auf unserer Reise hatten wir den Eindruck, dass sich Deutschland in den letzten vier Jahren darüber hinaus viel tiefgreifender verändert hat. Es gibt Menschen, die auf Dauer abgehängt sind, die mit dem Leben der Mehrheit nicht mehr viel zu tun haben. Ob dies acht, zehn oder fünfzehn Prozent der Gesellschaft sind, ist strittig. Klar ist aber, dass es diese Gruppe der Ausgeschlossenen gibt, dass Orte entstanden sind, an denen man dritter Klasse lebt. Hier heißen die Supermärkte »soziale Warenhäuser«, die Jobs »Maßnahmen«. Arbeitgeber sind die Ämter, und die Kinder schickt der Staat in Schulen, an denen von Vorbereitung auf ein Berufsleben kaum mehr die Rede ist. Und die Zukunft? Viele, die wir trafen, hatten die Hoffnung verloren, dass sie besser sein wird als die Gegenwart.

Vieles von dem, was Hartz IV wollte und sollte, hat nicht funktioniert. Trotzdem leben die Menschen, die wir trafen, jetzt damit. Vermutlich auf Dauer.

Und dann, nach dem letzten Treffen, lässt sich doch noch eine Erfolgsgeschichte erzählen. Keine, die mit den Sozialreformen zusammenhängt. Keine, die Ergebnis einer gezielten und erfolgreichen Politik ist, sondern eine, die auf Glück und Zufall basiert.

Überraschungserfolge

Bei Andrea zu Hause klingelt das Telefon. Ein Jahr ist ihr letzter Tag in der Fröbelschule inzwischen her; seitdem macht sie ihre berufsvorbereitende Maßnahme bei *Kaufland*. »Andrea, das ist für dich«, ruft ihr Vater und ahnt noch nicht, wie sehr dieser Anruf den Alltag seiner Tochter verändern wird. Während des Telefonats wird Andrea immer stiller, sie schüttelt den Kopf, sagt ein paarmal leise »Ja« und »Wirklich?«, legt schließlich auf und sagt noch: »Ja, ich rede mit meinem Vater darüber.« Das Telefonat kam aus dem Schwarzwald. Ein paar Wochen zuvor war die Geschichte von Andrea im ersten Fernsehprogramm zu sehen gewesen, eine Wiederholung. Wir hatten einen Film über sie, über ihre Schule, über Christoph Graffwegs Unterricht, Sara und die anderen gedreht. Den Anruf bekam dann Andrea. Der Direktor eines Fünf-Sterne-Luxushotels hatte sie im Fernsehen gesehen. »Die wollen, dass ich zu ihnen komme!« Andrea kann es nicht glauben. »Die denken, dass sie mich gebrauchen können. Die haben gesagt, ich habe einen starken Charakter. Die haben gesagt, sie finden das gut, wie ich meine Sache mache. Die wollen, dass ich bei ihnen probearbeite.« »Und dann?« Andreas Vater hat inzwischen den Computer angeworfen, um die Internetseite des Hotels zu suchen. »Wenn ich das gut mache, bekomme ich da eine Ausbildung, hat er gesagt.« Andrea ist sprachlos, ihr Vater gluckst vor Freude, gemeinsam gucken sie sich die Internetpräsentation des Hotels an. »Oh Papa, guck mal, das Essen!« »Das ist Luxus, das ist was ganz Feines. Aber du wirst da nur zugucken dürfen und nicht mitessen!« »Das ist mir egal«, sagt Andrea und freut sich.

Sie will es versuchen, das ist einen Tag später bereits klar. Wir kommen sie auch am Tag ihrer Abreise besuchen, die Koffer sind schon fast gepackt. »Ein bisschen Angst hab ich schon«, sagt sie und faltet einen grauen Pulli zusammen. »Ich war ja noch nie so lange weg von zu Hause.« »Was wirst du denn am meisten vermissen?«, fragen wir sie. Andrea schaut sich in ihrem winzigen Zimmer um, ihr Blick bleibt an der Decke hängen, am Vogelkäfig. »Meine beiden Wellensittiche dürfen nicht mit«, sagt sie. »Mit denen konnte ich mich immer gut unterhalten«, lacht Andrea und macht ihren Koffer zu. Ihr Vater wird mitfahren in den Schwarzwald, um sich das Ganze anzugucken. »Wir schlafen im Personaltrakt!«, sagt er fröhlich. Es ist der erste Ausflug der beiden seit Jahren, die Reisekosten übernimmt das Hotel.

Es ist fast eineinhalb Jahre her, dass wir zu Andreas Abschlussfeier zum letzten Mal an der Fröbelschule waren. Inzwischen hat sich hier alles verändert. Nachdem die Geschichte der Schule im Fernsehen zu sehen war, gab es viel Kritik an Christoph Graffwegs Unterrichtsideen, aber auch unendlich viel Zuspruch, neue Ideen, Hilfsangebote. Christoph Graffweg hat viel zu tun, ist viel unterwegs, erzählt Politikern, Studenten, Vereinen von seiner Schule. Wir haben Glück, dass wir ihn heute ans Telefon bekommen haben. »Nach dem Riesenrummel ist schließlich das Gute übrig geblieben«, sagt er. Das Gute, das ist, dass einige Engagierte sich entschieden haben, ab jetzt Mitverantwortung für diese Schüler zu übernehmen. Für die Großen gibt es inzwischen das »Mentorenprojekt«. »Das sind ehrenamtliche Helfer, die die Schüler vom letzten Schuljahr an beim Übergang in die Arbeitswelt begleiten«, erklärt Christoph Graffweg. »Sie übernehmen Aufgaben, die von den Eltern eben nicht übernommen werden können. Sie fragen nach: Wie steht's mit der Bewerbung? Hast du sie abgegeben? Weshalb nicht? Wo hakt es? Sie suchen mit ihnen nach Stellen, erinnern an Termine, stehen immer für Fragen zur Verfügung.«

Christoph Graffweg ist zufrieden. In diesem Jahr haben es mit dem Programm vier aus seiner Abschlussklasse in eine Ausbildung geschafft. »Für unsere Schule ist das ein Riesenerfolg«, freut er sich. »Das ist natürlich keine generelle Lösung. Man darf den Staat da auch nicht aus seiner Verantwortung entlassen, aber hier und jetzt bin ich froh, dass es diese Helfer gibt, dass wir sie und sie uns gefunden haben; dass sie uns und den Eltern unter die Arme greifen, das ist gut für meine Schüler.«

Andrea, Auszubildende. Andrea zeigt auf das kleine Namensschild auf ihrer Jacke und strahlt. »Besser, was?« Sie hat es geschafft. Nach drei Tagen Probearbeit hat der Hotelchef ihr einen

Ausbildungsplatz angeboten. Heute ist sie ein letztes Mal nach Wattenscheid gekommen, um endgültig ihre Sachen zu packen. »Ich werde es einfach versuchen.« Respekt hat sie vor der ganzen Sache schon, aber zuversichtlich ist sie trotzdem. »Hartnäckig war ich ja schon immer, und vielleicht schaff ich das ja wirklich. Oh Mann!« Andrea lächelt, ihr Vater nickt. Er ist stolz auf seine Tochter, diese ganze Sache gibt auch ihm Energie. Auch wenn er jetzt weniger Hilfe zu Hause hat, er weiß, dass das für seine Tochter eine einmalige Chance ist. Das Hotel ist eine gute Adresse; wer dort seine Ausbildung schafft, braucht sich später wenig Sorgen um einen Job zu machen. Drei Jahre wird Andrea im Schwarzwald bleiben, weit weg von allen Problemen zu Hause. Sie wird mit den anderen Azubis in einem Haus wohnen, in die Berufsschule gehen, ihr verdientes Geld nur für sich behalten. Sie wird mit den Realschülern und Gymnasiasten ihre Ausbildung machen, als eine von vielen.

NACHWORT

»Guten Tag, meine Damen und Herren. Heute ist ein schöner Tag für die Arbeitslosen in Deutschland.« Diesen Satz sagte Peter Hartz, als er am 9. August 2002 den Bericht der Hartz-Kommission vorlegte. Die Kommission trug seinen Namen, genau wie später das Hartz-IV-Gesetz, das amtlich »Gesetz über die Grundsicherung für Arbeitsuchende« heißt. Es war ein großer Auftritt, bei dem diese legendären Worte fielen. Der damalige VW-Personalvorstand Peter Hartz übergab Bundeskanzler Gerhard Schröder im Französischen Dom am Berliner Gendarmenmarkt das Konzept der späteren »Agenda 2010«, der größten Sozialreform in der Geschichte der Bundesrepublik. Es war ein großes Schauspiel, eine Inszenierung. Peter Hartz sagte auch: »Wir haben nach dem Krieg Deutschland aufgebaut. Wir haben die Wiedervereinigung geschafft. Und jetzt das Arbeitslosenproblem. Wir schaffen das.«

Seit dem 1. Januar 2005 gilt das Gesetz. Gut vier Jahre sind seitdem vergangen, eine relativ kurze Zeit in der Geschichte der Bundesrepublik. Aber diese kurze Zeit hat aus Deutschland ein anderes Land gemacht. Wie sich das Land verändert hat, beschreibt dieses Buch. Inzwischen leben rund sieben Millionen Menschen vom Hartz-IV-Regelsatz. Die drei Autoren haben die Statistiken zu Hartz IV gelesen und zu Rate gezogen, aber schnell gemerkt, dass sich die Veränderung der Gesellschaft nur unzureichend in bloßen Zahlen ausdrücken lässt. Die Autoren haben das echte, das tatsächliche Leben geschildert, haben Menschen besucht und mit ihnen erlebt, wie deren Alltag aussieht. Lebenswirklichkeit – jenseits von Gesetzestexten und Statistiken, jenseits auch von Sonntags- und anderen Ruckreden.

Die Recherchen für ihre Reportagen haben die Autoren weit vor der Wirtschaftskrise begonnen, erahnten diese damals nicht einmal. Und doch wirkt das, was sie schildern, aus heutiger Sicht wie Vorboten der Krise. Sie beschreiben, wie der großen globalen Wirtschaftskrise die Krise auf dem Arbeitsmarkt vorausging. Und wie in dieser Krise ein Teil der Gesellschaft abgehängt wurde. »Die Überflüssigen« nannte der Soziologe Heinz Bude diese Menschen.

»Heute ist ein schöner Tag für die Arbeitslosen in Deutschland.« – Sieben Jahre nachdem Peter Hartz das gesagt hat und vier Jahre nach dem Start von Hartz IV erscheint der Satz wie eine große politische Lüge. Tatsächlich war es der Tag, von dem an in Deutschland allmählich eine neue soziale Klasse entstanden ist: die Klasse des Prekariats, der Unterschicht, der Abgehängten, der Überflüssigen. Deutschlands dritte Klasse.

Sind es acht oder zehn oder gar fünfzehn Prozent der Gesellschaft, die auf Dauer ausgeschlossen sind? Es ist egal. Auch hier besagt die statistische Zahl nichts wirklich. Denn jeder Ausgeschlossene ist eine Niederlage für die Gesellschaft. Kaum einer von ihnen findet jemals den Weg zurück. Ausgeschlossen für den Rest des Lebens. Davon handeln die Geschichten hier.

Den Impuls für dieses Buch gaben Reportagen, die für das Fernsehen gemacht wurden. Die Autoren tauchten neugierig und vorurteilsfrei in die Thematik ein, gingen auf die Menschen zu, über die sie berichten sollten, erlebten deren Leben, wollten sie nicht benutzen, sondern kennen- und verstehen lernen. Sie handelten also in bester Reportertradition, wie Egon Erwin Kisch es einmal beschrieben hat: »Nichts ist verblüffender als die einfache Wahrheit, nichts ist exotischer als unsere Umwelt, nichts ist phantasievoller als die Sachlichkeit. Und nichts Sensationelleres gibt es in der Welt als die Zeit, in der man lebt!«

Wer erst mal abtaucht in die Wirklichkeit, wer sich hineinfallen lässt, wird immer mit dem Schatz zurückkehren, der sich Wahrheit nennt. Exotisch ist sie, weil viel zu wenige sie wirklich kennen. Berichte aus dem Leben sind Berichte aus einer anderen Welt. Sie informieren, sie unterhalten aber auch. Sie machen die Leser und Zuschauer weniger dumm, im besten Fall sogar ein bisschen klüger. Sozialreportagen sind Berichte darüber, wie sich die gesellschaftlichen Regeln des Zusammenlebens auswirken. In den kleinen Geschichten, die sie erzählen, spiegeln sie den Zustand des großen Ganzen.

Die guten Reporter wollen die Menschen, über die sie berichten, nicht bekehren, sondern sie möchten etwas von ihnen erfahren. Gute Reporter haben eine Haltung, aber kein Vorurteil. Reportage, das ist Bescheidenheit. Reportagen seien »kleine Berichte schmutziger Alltäglichkeit«, hatte der Schriftsteller Klaus Herrmann während der Weimarer Republik geschrieben. Und Karl Kraus nannte die Reporter damals etwas abschätzig »Kehrichtsammler der Tatsachenwelt«. Reporter sammeln Fakten und Beobachtungen, sie beurteilen nicht, das stimmt. Doch bei guten Reportern genügen die Fakten nicht sich selbst. Sie begnügen sich nicht mit der wahllosen Anhäufung von Fakten, sondern sortieren sie – geleitet von der Frage: Aus welcher Perspektive sehen wir die Gesellschaft? In diesem Buch sind es Reportagen über ganz gewöhnliche Menschen und ihren Alltag. Aber es sind gewöhnliche Menschen, die es wert sind, dass über sie berichtet wird.

Es war eher Zufall, dass die Initiative für solche aktuellen Dokumentationen und Reportagen mit dem Start von Hartz IV zusammenfiel. Damals ahnten wir nicht, wie immens Hartz IV das Zusammenleben in Deutschland verändern würde. Die Reportagen schildern am Beispiel kleiner Geschichten einzelner Menschen, wie eine neue soziale Klasse entstand, wie Hartz IV seine

Ziele verfehlte und wie die Menschen, die unmittelbar davon betroffen waren, ins gesellschaftliche Abseits gekickt wurden. Sogar Teile der Mittelschicht gerieten in den Strudel dieses sozialen Abstiegs. Und drohende Arbeitslosigkeit auf der einen und ein ausgepresster Sozialstaat auf der anderen Seite verhießen Armut auf Dauer. Die Sorgen waren der Angst gewichen, die Erwartungen der Enttäuschung und die Hoffnungen der Verzweiflung.

Als wäre der Gesetzesname »Hartz IV« nicht furchtbar genug, bekam die staatlich geförderte Arbeitswelt nun ganz andere Bezeichnungen und Abkürzungen. Die Autoren schildern das in diesem Buch nicht ohne bittersüße Ironie: »EQJ« oder »BvB«, »BVJ« oder »TMK«. Letztere Abkürzung steht für »Trainingsmaßnahme mit Kenntniserweiterung«. Und wer das liest, den erschreckt nicht einmal die Bezeichnung »Job plus« für das, was kommt, wenn der Ein-Euro-Job, die »AGH-MAE« (»Arbeitsgelegenheit mit Mehraufwandsentschädigung«), zu Ende geht.

Wovon dieses Buch berichtet, das sind Menschen, die schon im kleinen Zeitabschnitt von gut vier Jahren eine regelrechte Hartz-IV-Karriere hinter sich haben und inzwischen spüren: Der Rest ihres Lebens wird nicht mehr anders. Ihre Kraft, nicht völlig aufzugeben, schöpfen sie aus dem Vorsatz, ihren Kindern solle es einmal besser ergehen. Doch Hartz IV hat die Kinder längst abgeschrieben. Hartz IV ist vererbbar. So kommen Kinder, die fürs Leben lernen sollen, morgens zur Schule von Rektor Graffweg in Wattenscheid und schlafen, körperlich ermattet, erst mal ein, weil die Eltern so früh nicht aufstehen und ihre Kinder ohne Frühstück in die Schule gehen. Wie Pascal, der Sohn von Helmut Weber, bei dem es zum Frühstück oft nur Zigaretten gibt und für den Jungen dann nichts. Dieses Erbe schleppen sie mit, wenn nach den Jahren an der Förder- oder der Hauptschule keine Berufsausbildung folgt. Oder wenn die wenigen mit Berufsausbildung danach keine Stelle finden. Das Selbstwertgefühl sinkt auf Hartz-IV-Niveau. So ungeheuer viel steckt in dem Satz des Leiharbeiters Christian Sonnenbaum: »Ich habe keinen Beruf, ich habe nur Jobs.«

Hartz IV hat nicht nur die Situation der Arbeitslosen verändert, sondern auch den sogenannten Ersten Arbeitsmarkt. Früher war ein normales Arbeitsverhältnis Standard, eine unbefristete, tariflich bezahlte, sozialversicherungspflichtige Vollzeitarbeit. Seit Hartz IV nehmen diese Stellen ab, und der Niedriglohnbereich wächst.

Das frühere Bundessozialhilfegesetz war noch geleitet von der Idee, jedem Menschen in Deutschland ein Leben in Würde und die Teilhabe an der Gesellschaft zu ermöglichen. Das neue Hartz-IV-Gesetz sieht diese Menschen nur noch als »Bedarfsgemeinschaft« an. »Was ist so gründlich schiefgelaufen zwischen dem Staat und René Weber?«, fragten die Autoren, nachdem deutlich geworden war, dass René wohl nie wieder im normalen Leben Fuß fassen würde.

Es gibt auch die guten Geschichten, die gerne euphorisch »Erfolgsgeschichten« genannt werden. Auch in diesem Buch gibt es eine. Aber nur eine: die Geschichte von Andrea. Jeder freut sich von Herzen mit ihr über ihren Ausbildungsplatz. Sie bekommt als Schülerin einer Förderschule, gemeinsam mit Realschülern und Gymnasiasten, eine Ausbildung in einem Fünf-Sterne-Luxushotel. Doch Andreas Geschichte ist keine Geschichte gesellschaftlichen Erfolgs. Nicht Hartz IV hat dafür gesorgt, ihr eine Ausbildung zu vermitteln. Im Gegenteil: Hartz IV hätte das sogar fast verhindert. Andrea hat sich von der Resignation ihres Vaters nicht anstecken lassen. Sie wollte das Hartz-IV-Erbe nicht antreten. Immer wieder hat sie versucht, irgendwo auf dem Arbeitsmarkt unterzukommen. Als Kind einer Hartz-IV-Familie hat sie auf die Hilfe der »Arge« gehofft. Aber eine richtige Ausbildung hatte auch die nicht für sie.

Viel besser als alle Analysen, Statistiken und Prognosen zeigen die Geschichten von Andrea und René und ihren Familien, von Frank Kamelski und Volker Hoppe, was Heribert Prantl über das Hartz-IV-Gesetz geschrieben hat: »Es ist eine gesetzgeberische Katastrophe.«

Seit vier Jahren nimmt Hartz IV, die wohl wichtigste Regelung aus der »Agenda 2010«, die Familien der Arbeitslosen in Sippenhaft. Vor allem die Kinder. Weder der Gesetzgeber noch die meisten Politiker hatten ein Einsehen in diese Katastrophe, erst ein Urteil der Richter am Bundessozialgericht hat der Hartz-IV-Berechnungsregel für Kinder den Boden entzogen. Die Richter urteilten, der Gesetzgeber habe das Gleichbehandlungsgebot, den Schutz der Familie und das Sozialstaatsgebot verletzt. Die Politik reagiert in Zeitlupengeschwindigkeit. Es wird noch lange dauern, bis das Gesetz korrigiert wird. So lange bleibt die gesetzeswidrige Regelung einfach bestehen.

Auf welche Weise hatte der Gesetzgeber gegen diese Gesetze verstoßen? Er hatte für Kinder von Hartz-IV-Empfängern einfach festgesetzt, sie müssten pauschal von sechzig Prozent des Satzes für Erwachsene leben. Nur weil sie kleiner sind? Diese Ignoranz hatte zur Folge, dass ein Hartz-IV-Kind 2,12 Euro im Monat für Spielsachen und 1,50 Euro für seinen Schulbedarf und Schreibgerät haben darf. Bei Säuglingen gab es nicht einmal einen Hartz-IV-Anteil für Windeln.

Es geht nicht allein um die Frage, was das Leben für Kinder kostet. Das Hartz-IV-Leben schon mit zehn, mit elf, mit zwölf, mit dreizehn kostet die Gesellschaft irgendwann die eigene Zukunft. Denn die ersten Jahre mit Hartz IV zeigen: Wer schon als junger Mensch ein Hartz-IV-Leben führen muss, kommt später nur selten wieder heraus. »Der Abstieg geht schnell«, schreiben die Autoren über ihre Erfahrungen, »aber es dauert Jahre, um ein Leben neu zu ordnen.« Die Hartz-IV-Gesetze sollten die

Arbeitslosigkeit innerhalb von vier Jahren halbieren. Dieses Buch beschreibt, weshalb das nie gelingen konnte.

Was sich in der Zeit mit Hartz IV veränderte, war die Zahl von Beschäftigungsverhältnissen im sogenannten Niedriglohn-bereich – Mini- und Midi- und Ein-Euro-Jobs, Teilzeitstellen und Leiharbeit. Die Zahl der Langzeitarbeitslosen ist dagegen weiter gestiegen.

Vor ziemlich genau fünfundzwanzig Jahren schrieb der da-malige SPD-Bundesgeschäftsführer Peter Glotz, die Gesellschaft drohe zur Zweidrittelgesellschaft zu werden: Zwei Drittel, die am gesellschaftlichen Leben mal mehr, mal weniger beteiligt seien, stünden dem verbleibenden Drittel gegenüber, das von der Ge-sellschaft abgekoppelt sei. Der Abstand zwischen denen, die ha-ben *und* teilhaben, und denen, die Hartz IV sind, wächst jeden Tag ein bisschen mehr. »Die Berichte über Armut und Reichtum in Deutschland sind auch Berichte zur Lage der Demokratie in Deutschland«, hat Heribert Prantl im Vorwort für dieses Buch geschrieben. Und während der Prozess der gesellschaftlichen Spaltung voranschreitet, streiten sich Politiker darüber, ob der marginalisierte Teil der Bevölkerung korrekt als »abgehängtes Prekariat«, »neue Arme« oder »sozial Schwache« bezeichnet werden müsse.

Die betroffenen Hartz-IV-Empfänger verschwinden der-weil aus dem öffentlichen Raum, sagt der Soziologe Ulrich Beck. Die Evangelische Kirche zu Hessen-Nassau hat dazu eine Studie veröffentlicht. Dort heißt es: »Die Abhängigkeit von der soge-nannten Grundsicherung für Arbeitssuchende wird von den Betroffenen als tiefe Verunsicherung erlebt. Die Leistungen zur Sicherung des Lebensunterhaltes reichen nicht aus, um am gesellschaftlichen Leben teilzunehmen und soziale Kontakte zu pflegen. Viele Betroffene fühlen sich wie im unbefristeten Haus-arrest.«

Die wachsende Isolierung, der Verlust sozialer Kontakte verändert die Menschen. Sie verlieren den Anschluss an die Gesellschaft. Armut bedeutet für sie eben nicht nur, weniger Geld zu haben. Sie erleben Deutschland dritter Klasse.

Mathias Werth, Redaktionsleiter Die Story, *WDR*

LITERATUR

Autorengruppe Bildungsberichterstattung (Hrsg.): Bildung in Deutschland 2008. Ein indikatorengestützter Bericht mit einer Analyse zu Übergängen im Anschluss an den Sekundarbereich I, Bielefeld 2008

Dirk Baier und Christian Pfeiffer: Gewalttätigkeit bei deutschen und nichtdeutschen Jugendlichen – Befunde der Schülerbefragung 2005 und Folgerungen für die Prävention, Hannover 2007

Hans Bertram (Hrsg.): Mittelmaß für Kinder. Der UNICEF-Bericht zur Lage der Kinder in Deutschland, München 2008

Klaus Boers und Jost Reinecke: Delinquenz im Jugendalter. Erkenntnisse aus einer Münsteraner Längsschnittstudie, Münster 2007

Gerhard Bosch und Claudia Weinkopf (Hrsg.): Arbeiten für wenig Geld. Niedriglohnbeschäftigung in Deutschland, Frankfurt/Main 2007

Heinz Bude, Andreas Willisch (Hrsg.): Exklusion. Die Debatte über die »Überflüssigen«, Frankfurt/Main 2008

Bundesministerium des Innern und Bundesministerium der Justiz: Zweiter Periodischer Sicherheitsbericht, Berlin 2006

Bundesministerium für Arbeit und Soziales: Begleitforschung des Sonderprogramms des Bundes zur Einstiegsqualifizierung Jugendlicher, Berlin 2007

Bundesministerium für Arbeit und Soziales: Der dritte Armuts- und Reichtumsbericht der Bundesregierung, Köln 2008

Bundesministerium für Ernährung, Landwirtschaft und Verbraucherschutz: Nationale Verzehrsstudie II. Bundesweite

Erhebung zur Ernährungssituation von Jugendlichen und Erwachsenen, Karlsruhe 2008

Bundesministerium für Familie, Senioren, Frauen und Jugend: Armutsrisiken von Kindern und Jugendlichen in Deutschland. Materialien aus dem Kompetenzzentrum für familienbezogene Leistungen im Bundesministerium für Familie, Senioren, Frauen und Jugend, Berlin 2008

Bundeszentrale für politische Bildung: Zahlen und Fakten – Die soziale Situation in Deutschland, Bonn 2008

Agnes Dundler und Dana Müller: Erwerbsverläufe im Wandel. Ein Leben ohne Arbeitslosigkeit – nur noch Fiktion? Kurzbericht des Instituts für Arbeits- und Berufsforschung, Nürnberg 2006

Rainer Geißler: Die Sozialstruktur Deutschlands. Zur gesellschaftlichen Entwicklung mit einer Bilanz zur Vereinigung, Wiesbaden 2008

Dietrich Giering, Gerda Holz, Antje Richter und Werner Wüstendörfer: Zukunftschancen für Kinder!? Wirkung von Armut bis zum Ende der Grundschulzeit. Studie des Instituts für Sozialarbeit und Sozialpädagogik im Auftrag der Arbeiterwohlfahrt, Frankfurt/Main 2006

Markus Grabka und Joachim Frick: Schrumpfende Mittelschicht. Anzeichen einer dauerhaften Polarisierung der verfügbaren Einkommen? Wochenbericht des Deutschen Instituts für Wirtschaftsforschung, März 2008

Wilhelm Heitmeyer (Hrsg.): Deutsche Zustände. Folge sechs, Frankfurt/Main 2008

Ernst-Ulrich Huster, Jürgen Boeckh und Hildegard Mogge-Grotjahn (Hrsg.): Handbuch Armut und soziale Ausgrenzung, Wiesbaden 2008

Thorsten Kalina und Claudia Weinkopf: IAQ Report 2008–01. Institut für Arbeit und Qualifikation, 2008

Fabian Kessl, Christian Reutlinger und Holger Ziegler (Hrsg.): Erziehung zur Armut? Soziale Arbeit und die »neue Unterschicht«, Wiesbaden 2007

Nadja Klinger und Jens König: Einfach abgehängt. Ein wahrer Bericht über die neue Armut in Deutschland, Berlin 2006

Inge Kloepfer: Aufstand der Unterschicht. Was auf uns zukommt, Hamburg 2008

Helmut Kuhn: Arm, Reich – und dazwischen nichts? Streifzüge durch eine veränderte Gesellschaft, Bergisch Gladbach 2007

Tanja Merkle und Carsten Wippermann: Eltern unter Druck. Selbstverständnis, Befindlichkeiten und Bedürfnisse von Eltern in verschiedenen Lebenswelten, Stuttgart 2008

Ulrike Meyer-Timpe: Unsere armen Kinder. Wie Deutschland seine Zukunft verspielt, München 2008

Ministerium für Arbeit, Gesundheit und Soziales Nordrhein-Westfalen: Zeitarbeit in Nordrhein-Westfalen. Strukturen, Einsatzgebiete, Entgelte, Düsseldorf 2008

Joachim Möller und Ulrich Walwei (Hrsg.): Handbuch Arbeitsmarkt 2009. Institut für Arbeitsmarkt- und Berufsforschung, Bielefeld 2009

Rita Müller-Hilmer: Gesellschaft im Reformprozess. Studie der Friedrich-Ebert-Stiftung, Bonn 2006

Gero Neugebaur: Politische Milieus in Deutschland. Studie der Friedrich-Ebert-Stiftung, Bonn 2007

Heribert Prantl: Kein schöner Land. Die Zerstörung der sozialen Gerechtigkeit, München 2005

Robert Koch Institut (Hrsg.): Studie zur Gesundheit von Kindern und Jugendlichen in Deutschland, Berlin 2007

Manfred Prenzel, Cordula Artelt, Jürgen Baumert, Werner Blum, Marcus Hammann, Eckhard Klieme und Reinhard Pekrun (Hrsg.): PISA 2006. Die Ergebnisse der dritten internationalen Vergleichsstudie, Münster 2007

Brigitte Schels: Junge Erwachsene und Arbeitslosengeld II. Kurzbericht des Instituts für Arbeitsmarkt- und Berufsforschung, Nürnberg 2008

Statistisches Bundesamt Wiesbaden (Hrsg.): Bildungsfinanzbericht 2008, Wiesbaden 2008

Statistisches Bundesamt, Gesellschaft Sozialwissenschaftlicher Infrastruktureinrichtungen, Wissenschaftszentrum Berlin für Sozialforschung (Hrsg.): Datenreport 2008. Ein Sozialbericht für die Bundesrepublik Deutschland, Bonn 2008

Hans Wocken, Universität Hamburg: Fördert Förderschule? Eine empirische Rundreise durch Schulen für »optimale Förderung«. In: Irene Demmer-Dieckmann und Annette Textor (Hrsg.): Integrationsforschung und Bildungspolitik im Dialog, Bad Heilbrunn 2007

Joachim Wolf und Katrin Hohmeyer: Für ein paar Euro mehr. Kurzbericht des Instituts für Arbeitsmarkt- und Berufsforschung, Nürnberg 2008

World Vision Deutschland (Hrsg.): Kinder in Deutschland 2007. 1. World Vision Kinderstudie, Frankfurt/Main 2007

FILMOGRAPHIE

»Rechnen, Rennen, Rätseln – Hartz IV ist da«
Ein Film von Christian Feld, Julia Friedrichs und
Markus Zeidler
WDR, 5. Januar 2005

»Von Schwindlern und Verlierern – Ein Jahr Hartz IV«
Ein Film von Julia Friedrichs, Eva Müller und Markus Zeidler
WDR, 4. Januar 2006

»Für euch sind wir nur asozial. Endstation Hauptschule«
Ein Film von Julia Friedrichs und Eva Müller
WDR, 6. Juni 2006

»Abgehängt – Leben in der Unterschicht«
Ein Film von Juliane Fliegenschmidt, Julia Friedrichs und
Eva Müller
ARD, 20. November 2006

»Gestern Auszeit, heute Vollzeit. Welche Jobs schafft
Zeitarbeit?«
Ein Film von Boris Baumholt, Traute Bonnichsen
und Anne Sieger
ARD, 31. Januar 2007

»Die Billigarbeiter – Leben ohne Mindestlohn«
Ein Film von Boris Baumholt, Charlotte Schwalb
und Anne Sieger
WDR, 30. April 2007

»Die Hartz-IV-Schule. Teil 1«
Ein Film von Eva Müller
WDR, 27. August 2007

»Die Hartz-IV-Schule. Teil 2«
Ein Film von Eva Müller
WDR, 3. September 2007

»Mädchenarrest«
Ein Film von Eva Müller
WDR, 1. September 2008

Die Redaktion der Filme hatten Mathias Werth, Ellis Fröder, Barbara Schmitz und Jo Angerer.

DANK

Wir danken den Familien, die zugelassen haben, dass wir in ihr Leben blicken, und die uns Frage um Frage geduldig beantwortet haben.

Wir danken all ihren Helfern, den Lehrern, den Mitarbeitern in den Ämtern und den Kollegen und Vorgesetzten in den Firmen dafür, dass wir mit ihnen sprechen durften.

Wir danken dem Verlag Hoffmann und Campe und dem Westdeutschen Rundfunk dafür, dass sie solche Bücher und Filme ermöglichen, Kathrin Liedtke für das sorgfältige Lektorat und Florian Glässing dafür, dass er uns dabei unterstützt hat, aus der Idee ein Buch zu machen.

Wir danken unseren Koautoren beim WDR, insbesondere Juliane Fliegenschmidt, Anne Sieger und Markus Zeidler, weil sie uns Teile ihrer Recherchen als Basis für dieses Buch überlassen haben und weil es ein großes Vergnügen ist, mit ihnen zusammenzuarbeiten.

Wir danken Ellis Fröder und Barbara Schmitz, die Tag und Nacht in den Schnitt gekommen sind, um unsere Filme besser zu machen – und vor allem danken wir Mathias Werth für sein Vertrauen und seine Ideen. Ohne ihn gäbe es das alles hier nicht.

ZU DEN AUTOREN

Julia Friedrichs, geboren 1979, arbeitet als freie Autorin von Fernsehreportagen und Magazinbeiträgen. Ihr Film »Abgehängt. Leben in der Unterschicht«, den sie zusammen mit Eva Müller drehte, wurde mit dem Axel-Springer-Preis und dem Ludwig-Erhard-Förderpreis ausgezeichnet. 2008 erschien ihr erstes Buch »Gestatten: Elite. Auf den Spuren der Mächtigen von morgen« bei Hoffmann und Campe, das ein Bestseller wurde.

Eva Müller, geboren 1979, arbeitet als freie Journalistin, vor allem für *Monitor* sowie die WDR-Redaktionen *Die Story* und *Aktuelle Dokumentation.* Für eine Sozialreportage (s.o.) erhielt sie 2007 den Axel-Springer-Preis sowie den Ludwig-Erhard-Förderpreis. Für den Film »Die Hartz-IV-Schule« wurde sie 2008 mit dem Förderpreis des Deutschen Fernsehpreises ausgezeichnet.

Boris Baumholt, geboren 1975, arbeitete als freier Journalist für den WDR und verschiedene Redaktionen der ARD, unter anderem die *Tagesschau,* das *ARD Morgenmagazin* und die Redaktion *Aktuelle Dokumentation.* 2006 erhielt er den Medienpreis des deutschen Zeitarbeitverbandes für den Film »Gestern Auszeit, heute Vollzeit. Welche Jobs schafft Zeitarbeit?«. Seit 2007 ist er fester Redakteur beim WDR.